アムステルダム国立美術館

©Goppion

ビジュアル博物館学 **B**asic

ベーシック

水嶋英治・髙橋　修・山下治子 ［編著］

長崎歴史文化博物館

ルーブル美術館ランス別館

口絵 II

©Goppion

ドゥオーモ美術館 フィレンツェ

©Goppion

口絵Ⅳ

ALL MEN ARE CREATED EQUAL . . .
WITH CERTAIN UNALIENABLE RIGHTS . . .
WHENEVER ANY FORM OF GOVERNMENT
BECOMES DESTRUCTIVE OF THESE ENDS,
IT IS THE RIGHT OF THE PEOPLE TO ALTER
OR TO ABOLISH IT.

DECLARATION OF INDEPENDENCE, 1776

THE PARADOX
OF LIBERTY

国立アフリカ系アメリカ人歴史文化博物館

©Goppion

国立アメリカインディアン博物館 ニューヨーク ©Goppion

ロンドン塔 王冠 ©Goppion

口絵 VI

トリニティカレッジ大学図書館

©Goppion

カバーおよび口絵の写真は，イタリアの展示ケースメーカー・ゴッピオン社（Goppion Technology Japan）提供

まえがき

この本を手にとってくれた読者のみなさん，【ビジュアル博物館学】へようこそ！

おそらく皆さんのなかには学芸員課程を履修し，将来，学芸員として博物館・美術館に勤務しようと考えている大学生が多いかもしれません。このテキストをパラパラめくってみると，少しびっくりするかもしれないですね。

本シリーズのタイトル【ビジュアル博物館学】が示すように，このテキストのなかに登場する案内役のキャラクターがポイントを示したり，事例紹介用の写真も多用されていて，これまでの教科書とは少し毛色が違うと思いませんか？

博物館の父と呼ばれた棚橋源太郎は，博物館のことを『眼に訴える教育機関』とも述べています。私たち編者も棚橋の精神に学び，できるだけ直感的に理解を助けるために，眼に訴えようと心がけました。本書は，シリーズの基本としてのB巻：Basic です。引き続き，A巻：Art(美術系)，C巻：Curation（キュレーション）を刊行します。

インターネットが普及した現在，大学ではオンライン授業も一般的になりました。ネット検索すれば，多くの情報や知識が得られます。試しに「博物館」あるいは英語で「museum」と検索してみましょう。世界各国の博物館の定義も読むことができます。博物館の定義だけでなく，有名無名を問わず多くの博物館や展示の画像まで出てきますね。

しかし，こんな時代だからこそ，1つの知識にこだわらず，多くの情報を横並びにしながら比較して，自分なりに1つひとつ確認していくことが大事です。

本書で取り上げた内容やトピックもその1つとして活用していただければ，私たち編著者たちの望外の喜びです。

2022年11月

編著者を代表して　水嶋　英治

博物館の素朴な 10 の疑問

案内役をおおせつかった
にゃがさき奉行と申す。
よろしく頼むぞ。

Q1 なぜ，博物館がこの世に必要なのか？

A1　博物館はこの世にあるさまざまなモノ・コトを体系的に収集し，一般に公開する施設である。博物館に行けば，時代や地域を越えてさまざまな歴史・文化を比較することで，改めて自分たちの歴史・文化のもつ意味を再発見し，感動は未来を形づくるための活力を生み出す。博物館はこの「感動力」を育むための施設である。

　また，現代社会は大量消費の時代であることから，先人たちが残した貴重な遺産が亡くなる危険性が高い。こうした文化の一大損失を防ぎ，あわせてその価値を現代はもとより未来に伝えていくためにも博物館は社会的に必要である。

Q2 なぜ，古いものを未来に伝える必要があるのか？

A2　「博物館行き」という言葉に代表されるとおり，古いものは無用の長物という印象を広くもたれている。しかし，実際には，先人たちが残したさまざまなモノ・コトから影響を受けて文化は発展するのであり，豊かな未来を切り開くには，古くから伝わるものの存在が不可欠である。

　また，地域に残るさまざまな遺物・遺跡はその地域のアイデンティティを支える唯一無二の価値を有し，それぞれの地域で豊かな社会を築くうえでなくてはならない。

Q3 なぜ，学芸員が必要か？

A3　「博物館法」第2条に，博物館とは資料を収集，保管，展示，調査研究などを行うところであると定義づけられている。そして第4条に，博物館にはそこで取り扱う資料の専門家として学芸員をおくことが定められている。

　学芸員は収集，保管，展示，調査研究，普及事業など，およそ資料に関する諸々の事業活動を司るスペシャリスト（専門職）であり，博物館の根幹を支える存在である。

Q4 学芸員は普段，何をしているのか？

A4 博物館の職員は普段，一般の来館者が立ち入ることのできないバックヤードという空間で仕事をしている。バックヤードには事務室，研究室，収蔵庫などがあり，これらの部屋・空間で資料の調査研究，資料整理などのほか，書類作成をはじめとした事務仕事を行っている。

ときには展示会への出品交渉や資料調査，学会発表などのため，国内外に出張することもある。また，展示解説や講座・講演会・各種イベントなどの普及事業に際し，展示室や講堂などのスペースにおいて一般来館者と接する機会もある。

 Q5 博物館コレクションはどのようにして集めているのか？

A5 資料収集のためにはまず，「どのような資料を中心に集めるのか？」という方針を博物館で決める必要がある。学芸員はそれに従って収集作業を行う。収集の方法として，寄贈・寄託・借用・購入・採集・発掘・交換・製作などがある。資料所蔵者・管理者などと交渉を重ね予算などの条件が揃って初めて博物館の資料となる。コレクションの形成はその積み重ねである。

また，良質なコレクションを形づくるためには，外部の専門家からの客観的意見を仰ぐことも重要で，そのための委員会を設けるなどの仕組みが導入されている。

 Q6 博物館の展示はどのようにして組み立てられているのか？

A6 博物館で展示会のテーマを決め，それに関する展示候補資料の所在把握や学術的調査研究を行う。それは学芸員が中心的に担うが，ときには調査研究の充実化を図るために外部の専門家とチームを組むこともある。

この成果に基づき，展示計画を立てる。「展示をとおして何を主張したいか？」「それを伝えるために効果的な展示メディアは何か？」などの視点から展示プランを組み立てる。学術的正確性を確保するために，外部の研究者に監修を依頼し，内容などについてチェックを仰ぐこともある。また，ディスプレイ専門業者と打ち合わせをしながら，展示デザインや展示配置を検討することもある。

学芸員はいわばオーケストラの指揮者の立場となり，さまざまな関係者や業者とチームプレイで展示を組み立てることが多い。

Q7 日本と外国の博物館の違いは何か？

A7 博物館で働く職員について，欧米では専門分化がなされているのに対し，日本では学芸員がマルチプレイヤーとなってさまざまな業務をこなしている点に大きな違いがある。

　欧米では，展示の企画や調査・研究を行うキュレーター，資料の登録を行うレジストラー，普及事業を担当するエデュケーターなど，さまざまな職種が存在する。それに対し日本では学芸員が博物館の専門的業務を一手に引き受け，また各種の雑用が多いことから俗に「雑芸員」と称する（もしくは称される）こともある。

 Q8 大学で学芸員資格を取得することに何の意味があるのか？

A8 ある統計では，大学・大学院における学芸員資格の取得者のうち，実際に就職できたのは１％程度であるとされ（丹青研究所（2009）『平成20年度文部科学省委託事業　大学における学芸員養成課程及び資格取得者の意識調査　報告書』参照），博物館で勤務するのはかなり困難である。

　では，「学芸員資格取得は無意味か？」と問われれば，答えは「No」である。学芸員の仕事・能力は地域や会社などのさまざまな組織に残されたもののなかからさまざまな魅力を見いだし，それを展示などの手法で一般にわかりやすく伝えるところにある。大学で習得した能力・技能などは，広報，観光，地域振興事業などの分野で発揮させることが可能である。多くの企業は自社製品を展示・紹介するショールームを設けている。さらにその会社の歴史や産業全体を紹介する企業ミュージアムを開設する事例も増えており，学芸員資格で学んだ知識を活かすことが可能である。

　また，博物館の運営には運送業，印刷・出版業，外食産業，グッズ企画・販売業などとも深くかかわっており，こうした業界にたずさわることとなれば，博物館に関する専門知識が活かされるであろう。

 Q9 博物館に就職するためには？

A9 近年では博物館職員募集のためのポータルサイト（例：学芸員就職課 https://yondaro.fc2web.com/など）が存在する。これらのサイトを覗くと，全国各地の博物館職員の公募情報が掲載されており，条件に適った博物館に応募するのが一般的である。

　博物館によっては専門的な調査研究力を測るために業績審査（発表論文や学会報告の内容・実績について）を行っている。それに対応するには，大学院において希望する学術分野を専門的に学ぶ必要があり，進路選択にあたって考慮すべき点である。

Q10 博物館のとっておきの楽しみ方とは何か？

A10 それは本書および本シリーズを熟読するのが一番！

■キャラクター紹介―にゃがさき奉行

案内役キャラクター
にゃがさき奉行

　にゃがさき奉行は，長崎市にある長崎歴史文化博物館の教育普及キャラクターです。当館が江戸時代の長崎奉行所跡に立っており，建物の復元展示もあることから，その名前をもじって名付けられました。長崎に多い「尾曲がり猫」のお奉行様で，奉行所でとりしまり（ただし，ネズミや虫の）をしているという設定があります。なかなか偉そうなしゃべり方をしますが，普段は相棒の文鳥「れきブンチョウ」とともに，博物館の教育普及活動を手伝ってくれています。具体的にどのような活動があるかといいますと，あるときは，展示のワークシートや，県内の学校へ出向いて行う出張授業の資料にイラストで登場してコメントをします。またあるときは，各種イベント（親子向けのおはなし会，さまざまな年代の人が参加できるワークショップなど）開催時に，ぬいぐるみの姿で受付に立ちます。ちなみに，イラストもぬいぐるみも，教育グループの職員がそれぞれ特技を生かし制作しています。さらに2021年からは，教育グループが始めたSNSにもたびたび顔を出しています。ちょっとしたことですが，より博物館への親しみをもってもらうという点で，人間の職員だけでは足りない部分を補ってくれています。

　このたび，にゃがさき奉行は奉行所を飛び出して，一匹で本の世界へ出張に来ました。「案内役」といっても，ミュージアムキャラクターとしてはまだまだ経験の浅い猫ですので，博物館について初めて知ることも多いです。この本を手にとられた人間の皆様，お奉行と一緒に学びを深めていただければ幸いです。

〔文責およびキャラクターデザイン：長崎歴史文化博物館教育グループ　松岡めぐみ〕

<h1>目　次</h1>

序 博物館・学芸員は何のために存在するか

1　博物館の原点は「感動力」

　日本における現代博物館の原点は，幕末〜明治初期にあるといってよい。無論，それ以前の日本にあっても珍しいものの展示や資料収集は古くから行われてきた。だが，現代のように1つの施設で恒常的に資料を収集して一般に公開する現代的な意味での博物館は，西洋を手本として移入したものであった。

　江戸幕府や明治新政府は西欧諸国と結んだ条約の批准や改正を目的に，海外使節団を派遣した。かれらは西欧諸国で最先端の文明に接し，日本もそれに追いつくべく，さまざまな制度・文物の導入・輸入を考えるようになった。そのなかの1つに博物館がある。

　派遣団に加わった者のなかには，西欧の博物館見学の様子をさまざまなかたちで描写・記録をした。なかでものちの日本の博物館政策に大きな影響を与えた人物が久米邦武である。久米は西欧を視察してきた内容を『米欧回覧実記』にまとめ，日本の発展のためには博物館が必要であり，その意義と役割を次のように論じた。

　そもそも国の発展は急激に起こるのではなく，必ず順序よく段階を経て進むもので，これを「進歩」という。そして，博物館は国の「進歩」の過程を一目でわかりやすく伝えられる点に大きな意義があるとする。博物館に入り，展示物を観覧することで次の効果があるとしている。

そもそも「博物館」とはにゃんだ？

久米邦武：本書第9章の「日本の博物館を創った人々」参照。

📖 『特命全権大使　米欧回覧実記』2巻〈岩波文庫〉：岩波書店，1978年，114-115頁を参照。

〈原文〉
　古拙ノ物ヲミレハ，其時ノ苦心勉強ヲ感シ，精巧ヲ認レハ，

今時ノ嵐惰自棄ヲ感シ，其進歩ノ序ヲミレハ，今ヨリ後ノ勤
勉セサルヘカラサルヲ感ス，感動心ニ動キ，学習ノ念沛然ト
シテ制スヘカラス

〈おおよその意味〉
　技巧的には拙くても古風な味わいのある展示品を見れば，
それを制作した当時の人々の苦心や勉強の様が思い浮かばれ
る。逆に昔の人が制作した精巧な技術による展示品を見れば，
今の自分たちは勉強を怠っていると感じるようになる。そし
て，さまざまな事物が進歩する過程・歴史を見れば，これか
ら未来のためにもっと勉強に励もうという気持ちになってく
る。この感動が心を動かし，今後の学習への意欲が勢いよく
わき起こるのである。

　よく「博物館行き」という言葉があるとおり，古いものや歴史
的な事物は現在では通用しない「無用の長物」というイメージが
ある。しかし，実際には，過去の先人たちが残したさまざまなモ
ノ・コトに影響を受けながら文化は発展するのであり，豊かな未
来を切り開くには，古くから伝わるものや歴史から学びとること
が必要であると久米は主張するのである。

　さらにかれは続ける。学校なら書籍を集め，知識・原理を授け
ることはできる。試験場なら技術・技能を習得させることはでき
る。だが，それらだけでは不十分で，真の意味で国を発展させる
には，「其心ニ感ヲ生シ」ること，つまり歴史にふれて感動し，
未来に向けて努力をしようという気持ちを起こさせることが不可
欠であるとする。そして，このための施設が博物館であると説く。
つまり，人に知識・技術だけではない「感動」を与え，人々に未
来に向けた「やる気」を引き出せる点に博物館ならではの役割が
あるというのである。この「感動力」こそ日本の博物館の原点で
ある。現代日本の博物館にはまさに久米が見いだした意義・精神
が脈々と受け継がれ，息づいているといえよう。

にゃるほど！　久米殿の
言葉こそ時代を越えて受
け継がれる心なのだな！

2 資料は「感動力」のエネルギー

　以上をふまえ，社会の動きを自動車に見立てるなら，博物館で展示資料を見る行為は自動車のキー，エンジンは「感動」「やる気」に置き換えられる。エンジンを動かすには燃料・エネルギーが必要であるが，このたとえでいえば，それは古くから伝わる資料・歴史が当てはまる。展示された資料・歴史にじかに接することで，感動というかたちで心がゆさぶられ，エンジンが駆動するように「やる気」がわき起こる。そのことで，車が動きだすように，社会全体も前進するのである。このためには，燃料・エネルギーに相当するもの，すなわち「資料」が必要不可欠ということになる。

　ところが現代社会は資料の散逸・湮滅が急速に進展し，自動車にたとえるなら，燃料不足，ガス欠となって車が動かない事態に陥りやすくなっている。現代社会は大量制作・大量消費の時代であり，開発の進展に伴って，旧家の取り壊しが急速化し，そこに保管されていた諸々の歴史的な資料類は今この時点でも人知れず大量廃棄されている。

　それに加えて近年，東日本大震災に代表される大規模災害が相次ぎ，貴重な資料の数々が災害によって消滅・破損などの損害を被っている。また今後もその危険性が高い。震災復興をめざし，被災した資料を救出する文化財レスキュー活動を行っているある団体は，資料が社会に果たす役割について次のとおり報告を行っている。

　それによると，この活動に参加した一般市民のボランティアから「ある気持ちの変化」があったことが語られたという。それは，レスキュー活動に参加して地域の歴史を知ることにより，「自分が生きる意味や価値を見いだした」「歴史を知って地域の発展のために活動していこう」など前向きな気持ちを抱くようになったというのである。

　地域の古文書に秘められた力として，災害により「精神的に打ちひしがれた人の心理的回復を促し，さらに，そこから立ち上がっ

> 歴史的な資料の実物をレスキューして，未来のために保管するのが博物館の大事な役割なのだ。

出所：特定非営利活動法人宮城歴史資料保全ネットワーク事務局長・佐藤大介氏の発言（「第百九十六回国会　参議院東日本大震災復興特別委員会会議録第六号」2018年）。

ていこうという」気持ちを育む効果のあることが示唆されている。人々の心の面における復興を実現化させるには，その家や地域に古くから伝わった古文書等の資料が重要な役割を果たすといえよう。博物館で扱う資料とはまさに人々の「感動力」を発揮させるエネルギーともいうべき存在なのである。

　現在，大規模災害の被災地では，災害によって行方不明になった日記帳，家族のアルバム，位牌，ぬいぐるみなどの捜索・修復・所蔵者への返却活動が繰り広げられている。ここにあげた品々はその所蔵者にとっていずれも思い出が詰まったものであり，ほかの何ものにも代えがたい価値を有している。上記の品々が「実物」として残されていることで，所蔵者にとっては立ち直るための心の支えになるのであり，先に記した「感動力」の源泉となりうるのである。

返却活動：「思い出の品　残そう─立ち直る　心の支え」『朝日新聞』2011年3月30日付。

　博物館の機能として特筆すべき点は，実物資料を最良の状態で未来に伝えるための設備・人員が確保されている点にある。博物館には「収蔵庫」という資料保管のための設備が整えられており，可能なかぎり良好な状態で資料を未来に伝えるための工夫が施されている。古くから日本では，貴重なものを耐火性に配慮した「蔵」という専用施設に入れて保管してきたが，博物館はまさに現代の「蔵」の役割を果たしている。いわば，博物館は「感動力」のエネルギーである資料を未来に向けて確保するという重要な役割を担っているのである。

3　「感動力」を発揮させるのが学芸員

　ここまで博物館と社会の進展を自動車になぞらえてきたわけだが，肝心の要素が抜けて落ちている。それはこの自動車を運転する，もしくは同乗する「人」の問題である。

　先に述べたとおり，資料の現物が保管されていることは重要である。しかし，単に資料があるだけでは，それが一体，何なのかは誰もわからない。古文書を例にとれば，これらはいずれも「くずし字」という独特の書体で書かれており，歴史学を専門に勉強しないかぎり，普通の人がそれを読解することはかなり困難であ

る。一般的に，わからないものは価値がないものとみなされ，捨てられるのは必然である。自動車のたとえでいえば，エンジンをかけなければ，いくら燃料だけあっても，それは単に液体であるだけで，車は動かないのと同じである。

　こうした事態を未然に防ぐために活躍するのが資料の専門家，すなわち学芸員である。たとえば古文書の場合，「そこに何が書かれているのか」「どのような歴史が読み解けるのか」を調査研究し，その成果を一般の人々に対し，展示や講座・講演などを通してわかりやすく解説するのがその役割である。いわば人々に「感動」を起こさせる専門家といえよう。そのことで初めて古文書が語る地域の歴史に誇りをもち，それを地域のアイデンティティとして未来に継承しようという気持ちが社会全体で醸成されるのである。

　先に博物館は現代の「蔵」と述べたが，実物を保管するという物理的・物質的な意味はもとより，社会の人々に対し，その資料の価値を伝え，「それを守ろうという心」を育むことも博物館の重要な役割である。貴重な資料の保全にあたっては，物理的・物質的なかたちで保管をするとともに，社会全体でその価値を守り，伝えようという意識を育むことによって初めて達成されるのである。その物心両面にわたって深くかかわるのが学芸員であり，かれらの社会的重要性は今後もますます高まるであろう。いわば「感動力」を発揮させるにあたり，不可欠の存在なのである。

　自動車もハンドル操作を誤れば大事故につながる。同じように，誤りのない社会を築くためには，貴重な資料に基づいた歴史・文化に学びながら，未来を見据えることが必要である。そのための中心的役割を担うのが博物館と学芸員であるといえよう。

自分自身の「感動力」も磨いて，活躍するがよい。

博物館の重要な役割：山本哲也「資料公開の理念と方法」大堀哲・水嶋英治編『博物館学Ⅰ　博物館概論＊博物館資料論』学文社，2012年。高橋修「小学生向け古文書読解プログラム開発の意義と効果」『日本ミュージアム・マネージメント学会研究紀要』17，2013年。同『小学生だから読める古文書講座』事業の実践―新しい博物館教育論と資料論の構築を目指して」『Link【地域・大学・文化】』6，2014年を参照。

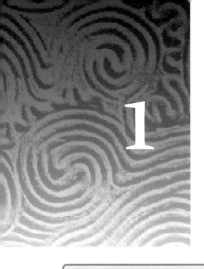

1　博物館について何をどう学ぶか

1　博物館では何を調査研究しているのか

　博物館は資料を専門に取り扱う施設であり，そこに勤務する学芸員はいわばその資料のスペシャリストである。したがって，博物館でなされる調査研究分野は資料に関するものが多くの比重を占めている。

　また，博物館そのものの運営・組織，展示や普及事業に関する専門的な研究もなされており，こうした博物館を主対象とした学術分野をとくに「博物館学」とも称している。

　博物館でなされている調査研究は表1.1のように大きく3分野に分けられる。

表1.1　博物館での調査研究の3分類

A　資料そのものについての学術的研究	資料の年代，作者，内容など学術的観点から価値評価を行うこと。資料そのものに関して研究する分野。
B　資料の保存管理・整理についての学術的研究	調査・収集した資料の整理技法，適正に保存・管理するための保存環境についてなど，資料を活用する基礎的前提となる部分について研究する分野。
C　博物館そのものについての学術的研究	博物館の組織・運営，展示技術，普及事業をはじめ，博物館の歴史など博物館そのものに関して研究する分野。

　Aは，資料そのものに関する基礎的な研究であり，この成果が基礎となって保管・展示・普及事業が展開される。それぞれに専門学術分野があり，たとえば古文書資料であれば歴史学，発掘された資料であれば考古学，民間伝承や民具などであれば民俗学といった具合である。

　Bは，調査・収集した資料を常に適正な状態で，かつ，簡易に利用できるようにするための技術について研究する分野である。展示や普及事業など資料を利活用した活動を展開するためには，本研究分野が基礎となってはじめて可能となる。したがって博物館の活動を縁の下で支えるといっても過言ではない。

倉田公裕・矢島國雄『新編　博物館学』東京堂出版，1979年など。

資料整理について、Aにあげた個別専門分野で調査研究法の基礎として大学で教えられている。近年では古文書資料の整理についてアーカイブ学という学科を設け、専門的な授業を展開している大学もある。また、資料の保存・管理については、保存科学や文化財学などの学科でとくに専門的に教えられている。

Cは、博物館の活動全般について研究する分野である。上記A・Bは資料に重点をおいた研究であるのに対し、Cは博物館そのものを対象としている点に特徴がある。博物館に関するあらゆるものを扱い、運営や組織、展示技術、普及事業、利用者や地域社会とのかかわり、博物館の歴史など、博物館を主題としたさまざまな研究分野からなる。

これらを扱うのは博物館学という学術分野であるが、それ以外の分野からもなされることが多い。たとえば、博物館の歴史は歴史学から、講座・講演会・ワークショップなどの普及事業は教育学・心理学から、展示技術については機械工学からなされるなどである。見方を変えるなら、あらゆる学術分野に開かれているのがCの特徴といえよう。

2　博物館に関する専門分野を学ぶには

表1.1のAについて、歴史系の博物館であれば、歴史学、考古学、民俗学などを大学・大学院で専門的に学ぶ必要がある。とくに博物館で学芸員として勤務するのであれば、それぞれの学問分野で扱う資料そのものについて専門的に調査研究できる能力を身につけることが求められる。

たとえば、歴史学の分野であれば、くずし字で書かれた古文書を解読し、その内容を把握する能力。また、古文書の様式や形態から、それが作成された年代や歴史的特徴を明らかにしうる能力などを身につけることが求められる。

考古学であれば、発掘を行うために必要とされるノウハウ、出土資料（埋蔵文化財）の取り扱い方、資料を正確に計測し、それを図として記録する実測図の作成法などを身につけることが求められる。

池田寿『日本の文化財―守り、伝えていくための理念と実践』勉誠出版、2019年。

民俗学であれば，古くからその土地に伝わる伝承や習慣などを聞き取り，記録をする聞き取り調査の能力。祭礼をはじめさまざまな伝統行事を記録する能力。古くから用いられる道具や衣服などの民具資料について正確に実測図を制作する能力などを身につけることが求められる。

これらについては，専門的な学部・学科を設けた大学・大学院で学ぶのが一般的である。近年では全国各地で生涯学習セミナーが充実しており，さまざまな専門分野について一般向けにわかりやすく紹介する講座も開設されている。とりわけ古文書・くずし字解読講座は全国の歴史系博物館で人気が高く，自主学習の一環として積極的に参加・利用してもよいであろう。

Bについては，学芸員資格を取得できる大学において，「博物館資料保存論」という科目名の授業が設けられている。おおよその基礎的な事柄は勉強することができる。

保存科学分野では，理化学的な専門機器を使用することが多い。より高度な内容を身につけたいのであれば，文化財科学や保存科学などの名称を付した学部・学科のある大学・大学院で学ばなければならない。

資料整理という分野，とくに歴史資料に関しては文書館学(アーカイブズ学)が技術・理論ともに急速に深化しつつあり，専門的な知識・技能を身につけたいのであれば，アーカイブ学などの名称を付した大学・大学院を進路とする必要がある。

Bの分野では，実際に数多くの資料にふれ，経験を積むのが上達への一番の近道である。一般の学生にとって，そうした機会はなかなか得ることがむずかしいが，博物館や研究団体において随時，資料整理ボランティアを募集している事例もある。

近年では，東日本大震災をはじめ大規模災害が相次いでいる。このことから被災した資料を救出し，保管のための手当てを行う文化財レスキュー事業が各地で盛んに行われ，技術・ノウハウに関する蓄積が進みつつある。これには大勢の人手を必要とするため募集の機会も多く，こうした情報を小まめにチェックし，積極的に応募してみるのもよいであろう。最良の実践的な学習機会と

さらに研究を続けて，大学院へ進学するのか。

馬淵久夫ほか『文化財科学の事典』朝倉書店，2003年。

なりうるはずである。

3　博物館について本格的に調査研究するには

　Cの分野，すなわち博物館について基礎的な事項を学ぶには，学芸員資格の取得に関する各科目を受講すれば，一通りのことは身につくようにプログラムされている。さらにより深く学ぶためには，さまざまな博物館学の教科書，とりわけ博物館学講座などのシリーズものなどの専門的書籍のなかから，興味のある内容から読み進めるのが順当であろう。

専門的書籍：本書の特論2「博物館学を学ぶための必読書10選」を参照。

　日常的にさまざまな博物館を見学することが重要なのは改めて記すまでもない。その際は単に展示資料や解説文を漫然と見るのではなく，「担当学芸員の展示の工夫は何か？」「ほかの観覧者は展示をどのように見ているのか？」などを意識しながら観覧することを試みてほしい。博物館を運営する側と観覧者の側という複眼的視点に立つことで，より現実的な博物館運営のあり方について深く考えるきっかけとなるからである。

　以上をふまえ，本格的に博物館について研究するためには，①博物館界全体の動向を把握すること，②個別の博物館の事業について把握すること，③最新の博物館に関する研究成果を把握することの3つの要素が必要となる。何より博物館は今この時点でも変わりつつあり，その状況を把握するには次に示す（1）（2）（3）の全体を押さえる必要がある。

金山喜昭『博物館とコレクション管理』雄山閣，2002年。

リュック・ブノワ／水嶋英治訳『博物館学への招待』白水社，2002年。

（1）博物館界全体の動向を知るために

　公益財団法人日本博物館協会から毎月，『博物館研究』という博物館に関する学術雑誌が刊行され，毎年4月号に最新の「博物館館園数関連統計」特集が組まれている。そこでは「博物館園数」と「博物館入館者数」に関する最新の統計結果が掲載されているので，最新の全国レベルの基礎的データを入手するには，本文献に当たる必要がある。

　また，数年おきに文部科学省や文化庁などの助成により「博物館総合調査」が実施され，日本全国の博物館の運営状況について

動向を把握することが大事だぞ。

の基礎的データを収集・分析した調査報告書が刊行されている。
一部についてはインターネット上でも全文公開されているので，
参照してほしい。

博物館に関する調査研究報告書：文化庁ウェブサイト https : // www.bunka.go.jp/seisaku/bijutsukan_hakubutsukan/shinka/hokoku/index.html

（2）個別の博物館の事業について把握するために

　個別の博物館の基礎的な運営状況を知るために，最も基礎的な
資料といえるのがそれぞれの博物館で刊行された要覧や年報であ
る。

　要覧とはその博物館の基礎的な概要をとりまとめた刊行物で，
館運営の沿革，組織・人員，建物・敷地の基礎データ，諸規則な
どが掲載されている。年報とはその博物館の1年間における活動
成果をまとめた刊行物で，その年における来場者数をはじめとし
た利用統計一覧，調査研究一覧，展示会一覧，普及事業一覧など
が掲載されている。いずれも各博物館のウェブサイト上において
PDF データで全文公開している場合が多い。その博物館の運営
状況を把握したいのであれば，まず最初に参照すべき文献であ
る。

（3）最新の博物館に関する研究成果を把握するために

　先に紹介した『博物館研究』は毎号，特集テーマが立てられ，
それに関連した論文が掲載されている。特集テーマを概観するだ
けでも，現在の博物館において何が重要課題であるのかがおおよ
そ把握できる。

　また，博物館に関する専門学術団体が存在し，各団体で調査研
究成果の発表会・研究会が開催され，専門学術論文集が刊行され
ている。大学の図書館ではこれら学術誌が配架されている場合が
あるので，最新号の内容を随時，確認することをお勧めする。そ
のこで，何が今，重要な話題なのかを把握する手がかりとなるか
らである。

専門学術論文集：たとえば全日本博物館学会からは『博物館学雑誌』，日本展示学会からは『展示学』，日本ミュージアム・マネージメント学会からは『日本ミュージアム・マネージメント学会研究紀要』が刊行されている。

　以上をふまえ，より専門的に博物館について研究するのであれ
ば，次の方法がある。①博物館の職員などに直接，インタビュー
をすることで，現場のナマの声を知ること，②観覧者の行動を観

察することで（どの展示を見て，どの展示をみないかなど），ある展示空間等の強みと弱みを実証的に明らかにすること，③各博物館にアンケート調査を依頼し，博物館界全体の動向や傾向を把握することなどがあげられる。とくに①や②は事前に博物館や観覧者からの許可が必要となるので，留意する必要がある。

《課題》・・・・・

　博物館学を学ぶためには、多くの博物館に足を運び、実際の展示や活動を見ることです。歴史博物館だけではなく、美術館，科学博物館などを訪れ、資料や展示方法、あるいは教育活動など観察し、自分の目を養うことです。多く見れば見るほど、鑑識眼は育ちます。まず、その第一歩として、自分の住んでいる地域の博物館を見学する計画を立ててみましょう。

特論 1
博物館を舞台にした漫画

1　博物館と漫画

　現代日本を代表する文化としてサブカルチャーが国際的に注目を集めている。そのなかでも有力な分野である「漫画」については，質量ともに日本独自の発展を遂げ，「Manga」としてそのまま国際語化しているほどである。

　こうした動向をふまえ，2017年に改正された文化芸術基本法では，漫画を「メディア芸術」の1つとして位置づけ，その振興を図るためにさまざまな方策を講ずるものと定めている。

　博物館にあっても近年では，著名な漫画作品・漫画家を主題とした企画展が数多く開催されるようになり，いずれも盛況を博している。これらの会場では漫画原稿，漫画家愛用の道具類，映像化・グッズ化された資料類などが展示され，ときには漫画作品そのものの世界が最新のメディア技術を駆使して再現されるなど，大規模化の傾向にある。

　漫画家とその作品をテーマとして掲げ，常設的にそれらを紹介する博物館も相次いで開館している。たとえば，漫画の神様と称された手塚治虫に関する「宝塚市立手塚治虫記念館」（兵庫県宝塚市）や仮面ライダーやスーパー戦隊シリーズ原作者の石ノ森章太郎に関する「石ノ森萬画館」（宮城県石巻市）などがある。また，特定の作家にこだわらず，広く漫画文化全体を扱う「京都国際漫画ミュージアム」（京都府京都市）などの専門博物館もある。

　こうした漫画のもつ力に着目して地域振興の核に据える試みも見受けられるようになった。一例として，東京都豊島区の取り組みがあげられる。この地は手塚治虫，藤子不二雄（A），藤子・F・不二雄，石ノ森章太郎，赤塚不二夫などが青春・下積み時代を過ごしたアパート「トキワ荘」があった場所である。このことにちなんで，豊島区では漫画家によるまちづくりを標榜し，2020（令和2）年には「トキワ荘マンガミュージアム」を整備した。さらに地元町会・商店会と区が協働しながら，記念碑の建立，漫画ゆかりの聖地ウォークなどさまざまな事業・イベント活動が展開されている。「漫画」文化を地域振興の起爆剤とした事例であり，注目される。

　現在では，漫画のもつ力を積極的に博物館に取り込み，館そのものを活性化させることが常態化している。いっぽうで，漫画が博物館の世界を取り込む動きもみられるようになってきた。

　漫画という媒体は，絵と少ない文字量，かつ物語仕立てでわかりやすく情報を伝えられるという特質がある。一般には知られないさまざまな職業を主題とした「お仕事もの」という分野が映画や小説

などで確立されているが，上記の特質から漫画もそれを扱うにふさわしいメディアであり，さまざまな「お仕事もの」漫画が創作されている。「お仕事」の1つとして，博物館およびその関係者の業務も一般には未知の世界であり，漫画の主題として選ばれるようになってきている。

2　博物館を扱った漫画

人文系の博物館およびその関係者を主として扱った漫画として，次の諸作品があげられる。

■『ゼロ THE MAN OF CREATION』原作・愛英史／画・里見桂（全78巻）

　ゼロと名乗る贋作者が主人公の物語である。彼は驚異的な技術と記憶力をもち，依頼人の要望に応えてこの世のありとあらゆるものを完璧に復元する。そのため，「究極の贋作者」「神の手を持つ男」と称されている。複製品制作の報酬額は莫大で，依頼者の全財産が請求されることもしばしばである。とくに，よこしまな動機や彼に罠をかける依頼人に対しては，容赦なくその身を破滅させるが，いっぽうで，情熱があり真摯な依頼者に対しては，無報酬で仕事をするときもある。

　彼の仕事はいずれも著名な美術品，歴史的に重要な人物にかかわるものが多く，その復元を行う。複製品の制作作業にとりかかる際は，その作品が制作された当時の時代状況を頭の中で再現し，その作者に完全なりきって制作する。こうした過程を経て仕上げられるため，その作品は「本物」と同じ価値をもつ。もし，オリジナルの作品が現存する場合には，オリジナルの破棄を要求するほどである。

　実際にはゼロの水準となることは困難であるものの，ある資料を調査・研究する際，それが制作された当時の歴史を詳細に調べ上げ，作者の立場・気持ちをイメージすることは学芸員として重要な資質であり，この点は見習うべきであろう。

『ゼロ THE MAN OF CREATION　vol. 1』集英社
（ジャンプ・コミックスデラックス）：1990-2011年

■『ギャラリーフェイク』細野不二彦（全34巻）

　贋作専門の画廊「ギャラリーフェイク」の店主である藤田玲司を主人公に据えた物語である。彼の前歴はメトロポリタン美術館のキュレーターで，とくに修復を専門としている。美術品に関する知識はもとより，美術業界のウラもオモテも知り尽くしている。金のためにウラで流通する美術品を売買することから，「芸術に魂を売った男」として美術のウラ世界では著名人という設定である。

　一般にすぐれた美術品ほど高価で取り引きされ，また，見る人の情感を揺さぶる不思議な力が秘められている。そのため，ときには生々しい欲望や情念を呼び覚ますこともあり，それをめぐるさまざ

まな人間模様を軸にドラマが組み立てられている。

　本作で注目したいのは，美術品に関するさまざまな知識・情報だけでなく，美術品にかかわる美術商や博物館業界，文化財行政の実態・問題点も巧みに作品世界に織り込まれている点である。たとえば「学芸員物語」という回では，公立博物館のかかえる人事や運営の課題が物語に溶け込んでいるので，大学の授業で学んだ知識と照らし合わせながら読んでほしい。

　人文系の博物館業界を扱った漫画の場合，資料の真贋を主題としながら物語が組み立てられている傾向にある。資料収集にあたっては，多額の金銭が絡むこともあり，学術的な展示の実現化に際しても資料の真贋の判定は博物館にとって重要な問題である。ときには犯罪にもかかわることから，博物館業界を扱った漫画の設定としてはうってつけなのであろう。

　ここで紹介した漫画作品はいずれも読み切り形式なので，どこからでも気軽に読めるという利点がある。また，十分な取材・調査に基づきながら緻密に物語が組み立てられており，それぞれの資料の専門分野に興味をもつよい「きっかけ」となるであろう。ただし，エンターテイメント作品であるから，フィクションも多く含まれ，すべてを鵜呑みにしてはいけないのはここに記すまでもない。

『ギャラリーフェイク　1』小学館（ビッグコミックス）：1992-2018年／電子版（Kindle）

■『ただいま収蔵品整理中！　学芸員さんの細かすぎる日常』鷹取ゆう（全1巻）

　近年では，実際の博物館勤務経験者（あるいは勤務者）が博物館を舞台とした漫画を発表するようになった。

　本作はそれを代表する作品である。『ゼロ』や『ギャラリーフェイク』のように娯楽漫画作品の主人公は時として常人離れをした活躍をし，ある種の超人として描写されている。それに対し，本作では博物館職員の日常的な活動を等身大の視点から描写しているところに大きな特徴がある。

　現代日本では，中小規模の郷土系博物館が半数以上を占めている。こうした「典型的な博物館」に勤務した経験に基づきながら，館の日常業務の実際を正確に描写している。「リアル」な博物館の現場を知るうえで初学者にはお勧めの1冊である。

『ただいま収蔵品整理中！ 学芸員さんの細かすぎる日常』河出書房新社：2021年

2 資料論

1 歴史博物館の基礎

（1）博物館の種類と資料

どのようなモノ（資料）を博物館の歴史資料として認定するか
は，専門家の間でも意見の分かれるところである。歴史系博物館
の資料は，収蔵資料であれ展示資料であれ，「歴史的価値」のあ
る「歴史資料」であるから，長い時間を経て今日まで残されてき
た考古資料や民俗資料，郷土資料，あるいは自然史資料（「化石」
標本）など，その種類は多種多様である。これらの動産資料のほ
かにも，歴史系・考古学系の博物館では遺跡・遺構・歴史建造物
（不動産資料）も博物館の重要な資料として取り扱われている。

「博物館資料」と同様に用いられるのが「文化財」という用語
である。博物館資料と文化財はほとんど同義であるが，それぞれ
の用語の根拠法が異なっている。前者は「博物館法」であり，後
者は「文化財保護法」である。

博物館法では，「歴史，芸術，民俗，産業，自然科学等に関す
る資料」（第2条第1項）をさし，具体的に
は「実物，標本，模写，模型，文献，図表，
写真，フィルム，レコード等」（第3条第
1項）を「博物館資料」と呼んでいる。

では，博物館は具体的にどのような資料
を取り扱っているのだろうか。「産業分類」
にしたがって，博物館の種類と収集資料・
テーマをまとめたのが表2.1である。この
表でわかるとおり，じつに多様な資料が博
物館に収集されている。

いっぽう，文化財保護法では，文化財を

歴史資料：このほかにも「史料」「文
化遺産」「文化資源」などの用語も使
用されている。「史料」は文字に書か
れたもの，たとえば歴史的な文献・文
書（もんじょ）をさす。

博物館：ここでいう博物館とは「総合
博物館」ではなく，「専門博物館」を
さしている。

フランス・ディジョン考古学博物館の展示室内部（Dijon 考古学博物館）

表2.1 「国際標準産業分類」による日本の企業博物館の種類

産 業 分 類	日本に存在する専門博物館の取り扱かっている資料
A 農林漁業	農業，漁業，森林，馬，くじら，いも，男爵いも，味噌，梨，乳業，食，塩，昆布，きのこ，醤油，海女
B 鉱 業	金，銀山，銀，銀山，銅，銅山，金属，鉄鋼，鉄，石，宝石，石炭，化石
C 製造業	窯業，紙，和紙，陶磁器，繊維，絹，蚕糸，西陣織，かすり，包装
D 電気 ガス	電機，電気，ガス，水素，地熱，碍子
E 水 道	水道，下水道
F 建設業	建築，大工道具，石，土木，土，煉瓦，瓦，竹
H 運 輸	交通，鉄道，船，造船，郵船，航空，地下鉄，自動車，電車，バス，クラシックカー
I 宿泊 飲食	ワイン，ビール，酒，ウィスキー，茶，茶道具，コーヒー，ぶどう酒，羊羹，そうめん，お菓子，はっか
J 情報 通信	地図，コンピュータ，計算機，印刷，放送，切手，カメラ，新聞
K 金融 保険	貨幣，造幣，証券，銀行，クレジット，宝くじ
P 教 育	文具，筆，えんぴつ
Q 保健衛生	くすり，製薬，漢方薬，薬学，医学，人体，歯，レントゲン，トイレ
R 芸術，娯楽	マンガ，楽器，太鼓，おもちゃ，人形，宝飾，真珠，琥珀，ビードロ，たばこ，映画，オルゴール，刺繍，べっ甲
S その他 生活用品	衣装，秤，ナイフ，うちわ，タンス，つまようじ，カミソリ，トイレ，はきもの，漆，金箔，時計，自転車，バッグ，パイプ，髪，櫛，スポーツ，サッカー，相撲，野球，オリンピック

出所：国際標準産業分類をもとに筆者作成

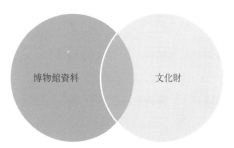

図2.1　博物館資料と文化財の関係

石碑の展示　碑文を現代フランス語に翻訳し展示している（同前博物館）

「有形文化財」「無形文化財」「民俗文化財」「記念物」「文化的景観」および「伝統的建造物群」と分類している（第2条）。そのなかでも「有形文化財」は，建造物，絵画，彫刻，工芸品，書跡，典籍，古文書その他の有形の文化的所産で我が国にとつて歴史上又は芸術上価値の高いもの（これらのものと一体をなしてその価値を形成している土地その他の物件を含む。）並びに考古資料及びその他の学術上価値の高い歴史資料」と定義している。文化財保護法で定義されているその他の文化財も，文化財体系図（図2.2）をみて確認しておこう。

有形文化財：土地に埋蔵されている文化財を「埋蔵文化財」，文化財の保存・修理に必要な伝統的技術・技能を文化財の「選定保存技術」と呼び，保護の対象となっている（文化財保護法147条）。

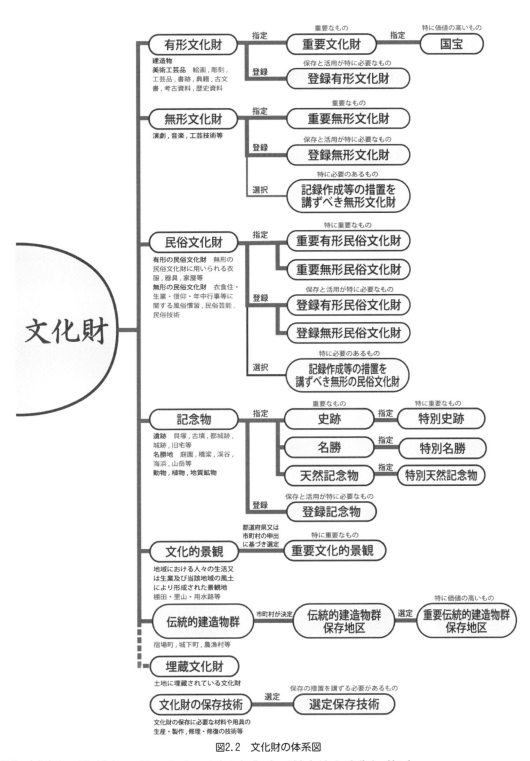

図2.2　文化財の体系図

出所：文化庁ウェブサイト https://www.bunka.go.jp/seisaku/bunkazai/shokai/gaiyo/taikeizu_l.html

（2）「資料」という用語

博物館のなかには多種多様のモノが集められ，展示や教育活動に活用されている。しかし，博物館のなかに存在するモノは博物館資料として研究され，「価値あるもの」と認識されたゆえに取得され，その結果，展示され，教育活動に活用され，保存されることになる。

「博物館」という概念もさまざまな観点から定義されるように，「博物館資料」という概念もさまざまな定義が可能である。ここでいうモノとは，有形の資料（museum object），美術作品（art works），標本（specimen），文化財（cultural property），文化遺産（cultural heritage）など，さまざまな呼称をもつ総括的な概念である。

国際博物館会議（ICOM）が定める「職業倫理規程」（ICOM職業倫理規程2004年10月改訂；巻末資料）では文化遺産を「美的・歴史的・学術的，もしくは精神的に重要であるとみなされるあらゆる概念または事物」と定めている。一言でいえば，モノを通して「物質文化」を解明する対象こそが博物館資料である。しかし，近年では，博物館の取り扱う資料概念は拡大傾向にあり，無形文化財や文化的景観，さらにはデジタル文化財までも収集・保存・研究の対象となってきていることに注意しておきたい。

博物館の収蔵資料：文化財として指定されている博物館資料もあるし，文化財指定されていない博物館資料もある。いっぽう，文化財であっても博物館に収蔵されているものもあれば，そうでないものもある。

取得：取得の方法には，購入，寄贈，交換，採集，発掘などがある。

概念：用語が安定しないということは，「文化遺産」の概念そのものが時間的にも世界的にも大きく変化していることと関係している。

ICOM（International Council of Museums）：国際的な職業倫理規程や博物館の定義，博物館に関するガイドライン・基準づくりを行っている国際機関NGO。

北アフリカのリビア・サブラータ世界遺産内にある古代カルタゴ博物館

遺跡・遺構（モザイク床面）の現地保存
（同前博物館）

（3）博物館の中心的存在

　博物館資料は「唯一性」（世界にたった1つ存在するモノ）が重視されることが多いが，経時的変化に着目してモノを眺めれば，同種の資料でも，時代とともに少しずつ形状や意匠・形態が変化し，機能的変化もみられる。資料の収集理念に基づいて多数の資料を集めれば，資料の体系性やモノを中心においた文化的変化ないしは多様性が理解されるであろう。こうして集められた資料群をコレクションと呼ぶ。

　コレクションは博物館にとって中核になるものであり，コレクションのない博物館は博物館とはいえない。G. ブルカウは「博物館のコレクションは参考資料の模範としての潜在的価値として，また美的あるいは教育的な重要性を持つために保存される」と定義している（G. E. Burcaw, 1997）。

G. E. Burcaw, 1997, *Introduction to Museum Work*, Altamira Press, 3rd ed.

　アメリカの博物館界の考え方では，教育的な観点に立って，チルドレンズ・ミュージアムやサイエンスセンターのようにコレクションをもたない博物館であっても博物館として分類している場合もある。これに対して，ヨーロッパの博物館界ではジョルジュ・アンリ・リビエール（1989）の考え方に代表されるように，コレクションこそ文化または時代の全体を集約する証拠資料であり，それらが象徴的な意味を持つ資料として認識されているため，資料・コレクションのない博物館は博物館としては見なされていない。

G. H Riviere, Dunod, *La Museologie selon*, 1989.

　アメリカ型，ヨーロッパ型のいずれの場合であっても，コレクションは博物館活動の中心に位置づけられるべきものである。ICOM 職業倫理規程では次のように基本原則を定めている。「博物館は，自然・文化・学術遺産の保護への貢献として，そのコレクションの収集，保存，普及促進を行う義務がある」。これから学芸員になろうとする人は，この基本原則を心に刻んでおくことである。

ICOM 職業倫理規程（2004）第2条
基本原則：この原則に続けて次のように述べている。「収蔵品は意義のある公的な遺産であり，法律において特別な地位を占め，国際的な規約によって保護されている。この公的な負託には，正当な所有権，永続性，文書化，アクセシビリティおよび信頼できる処分を含む管理の観念が内包されている」。

（4）象徴的価値と資料の存在意義

　博物館の資料・コレクションは，過去を象徴するモノである。

自然に残ったものか，誰かが大事に保管して残したものかは別にして，長い歴史のなかで，あるいは社会制度としての博物館のなかで保護され活用されてきた代表的な存在である。現在まで残されてきたのはそれなりの理由があるが，結論的にいえば，その資料の「歴史的価値」のため残されてきた模範的存在物だからである。しかし，その底辺にあるのは，資料に対する尊敬の念や資料を残そうとする人間の感情や情熱があるためである。

　フランスの博物館学者 L. ブノワは，「あらゆる伝統，過去や古いものに対する尊敬の念からくる感情」が収集に対する動機であるという。モノに象徴性をもたせ，その象徴的価値を資料のなかに見いだしているところに，博物館資料の存在意義があるということができる。

（5）無形文化財の保護

　つぎに，無形文化財に目を向けてみよう。日本では，物理的保護・保存のほかに，法的保護制度によって文化財や博物館資料は守られてきた。文化財保護法（1950）によって無形文化財の保護にも努めてきたが，ユネスコの無形文化遺産登録制度（2003）や国際博物館会議ソウル大会（2004）を契機に，近年の博物館界は無形文化遺産の重要性が認識され，それと同時に新たな課題も生じてきた。これまで博物館は物質文化と有形文化財をその対象としてきたため，収集・保存・展示など多くの蓄積があるが，一方の無形文化財の収集・展示，保存についてはまだノウハウの蓄積が少ない。

　伝統的な知識（暗黙知，ノウハウ），民俗学的な儀式，伝統芸能や舞踊・音楽，一過性の身体言語など，失われつつある無形文化遺産を博物館のなかでどのように護っていくかという課題はきわめて重い課題であり，また大きなチャレンジでもある。

　博物館資料の概念が拡大する今日，有形・無形，動産・不動産など博物館が扱う範囲も拡大傾向にある。こうした時代の変化を認識して資料を取り扱っていくことが必要であり，またその知識や展示・保存技術の習得も必要なことである。博物館使命の遂行

過去を象徴：逆にいえば，まだ見ることのできない未来のモノは博物館の対象物ではない。現代社会に存在するモノも，保存環境を整え維持管理していけば未来にも継承されていくことであろう。

人間：ここでいう「人間」とは，一般人だけでなく，愛好家，コレクター，研究者，専門家，職業人としての学芸員も含む。

　リュック・ブノワ／水嶋英治訳『博物館学への招待』〈クセジュ文庫〉白水社，2002年。

形のないものも大切なのだな。

こそ，学芸員の基本的な仕事であるといっても過言ではない。

（6）価値と資料選択基準

　しかし，だからといって，この世の中に存在するありとあらゆるモノを博物館が受け入れ，守っていかなければならないといっているわけではない。むしろ，一定のルールによってモノが選別され，評価され，価値あるものとして判断されたときに，初めて博物館資料として認知されるのである。

三線の展示（沖縄県立博物館・美術館）

一番わかりやすい例は，珍しいもの，減多に見られないモノ（珍奇物）であろう。稀にしか存在しないモノの価値を「稀少価値」という。博物館の起源ともいわれる16〜17世紀の「珍奇物の部屋」（cabinet of curiosity）はまさに稀少価値の追究であった。

　上記のルールは，モノを「博物館資料」として認定する基準であるから「資料選択基準」という用語に置き換えてもよい。この資料選択基準は，オリジナル性・唯一性・稀少価値以外にもある。日常生活に見られる「美しいモノ」「綺麗なモノ」「心が癒やされるモノ」なども1つの選択基準となるであろう。すなわち，鑑賞的価値・美的価値・審美的価値も博物館資料・美術館資料として選択される1つの基準となる。

　このほかにも，保存しておく価値（保存価値），展示に値する価値（展示価値），教育利用に役立つ価値（教育価値），記録に値する価値（記録価値）など，博物館の資料を考える際に，価値と資料は切っても切り離せない関係にある。

価値：文化財保護法における文化財の価値については24頁を参照のこと。

（7）記憶価値と記録価値

　最近ではあまり耳にしなくなったが，無用なモノを「博物館行き」と呼んでいた時代もあった。しかし，考えてみると，使わなくなったモノであっても，それがひとたび博物館のなかで保存されれば，今日・明日の短い時間のなかではなく，遠い将来に振り

博物館行き：現実社会で役に立たないモノを意味する。

返ってみると「ああ，こんなモノも使われていた時代もあったなぁ」と懐古の念にかられることもあるだろう。記憶がモノと結びついて，それを見るとある種の記憶が蘇ってくる価値を「記憶価値」という。その記憶のうえに，さらに正確な記録や文書・映像があれば「記録価値」のある資料として博物館では取り扱うことができる。

　また，長い年月を経たのち歴史を振り返ってみると，その時代なり文化なり，時代の特徴が一目でわかる。一般的には「博物館行き」という用語は不用物として扱われるが，古いものは必ずしも「お祓い箱行き」の価値なしのものではなく，反対に，長い年月を経て今日まで残ったモノにこそ「歴史的価値」や「遺産価値」があると評価できる。

（8）博物館化された資料

　現実社会からモノが切り離され，博物館に受け入れられる行為を「博物館化」という。博物館資料とは博物館化されたモノのことである。しかし，現実的な社会のなかに存在しているモノが博物館に受け入れられたとしても，すぐに博物館資料になるわけではない。

　1つの例として，砂浜に落ちていた美しい貝を考えてみよう。その綺麗な貝殻を拾ってきて，博物館に展示する。しかし，これがすぐに博物館資料になるとは誰も考えないであろう。博物館資料になり得る潜在的可能性を「素資料」と呼ぶこともあるが，この段階では素資料である。

　貝殻が博物館による強い意思をもって拾われたとしても（収集または採集），その後，資料として「調査研究」され，生物種が特定（同定）され，博物館資料として「登録」され，展示ないしは保存（収蔵）されてはじめて，1つの貝は博物館資料として位置

記憶価値：記憶は個人の記憶のほかに，地域の記憶や社会の記憶がある。戦争や自然災害といった悲惨な思い出は国民・国家の記憶として歴史に刻まれることもある。

不用物：「無用の用」とは，無用とされているモノがかえって大用をなすこと（荘子）の意味であるが，「博物館行き」の資料は「無用の用」の資料であることを改めて考え直さなければならない。

博物館化：もう1つの意味があり，歴史建造物や私的住居が博物館として公開される場合も「博物館化」（musealization）と呼んでいる。

存在可能性：Stransky, Z. Z. はミューゼリア（musealia）という新しい概念で表現している。Zelimir Laszlo, Is Museology a Part of the Inoformation.

9.18歴史博物館の外観　中国東北部・瀋陽にあり戦争の記憶を継承する。

づけられ，正式な博物館資料となる。

　民芸品も，伝統的な民俗資料も，記憶的な物語も，こうした一連のプロセスを経ることによって博物館資料としての価値をもつ。こうした資料の集積によって，時代性が明確になり，文化の発展・歴史の進展がわかり，科学技術の発達が認識されるのである。

（9）博物館資料と博物館の分類

　ここまで述べてきたように，博物館は多種多様であり，博物館が扱う資料は森羅万象である。現在，世界各地にはさまざまな種類の博物館が存在しているが，ここでは産業分類にしたがって資料と博物館を分類したのが前掲の表2.1である。産業分類の「飲食」を見ても，ワイン博物館，ビール博物館，酒の博物館，ウィスキー博物館，茶の博物館，コーヒー博物館など枚挙にいとまがない。

　これからもさまざまな観点から多くの資料が収集され，新しいコンセプトに基づいた新しい形態の博物館が創られていくことになるだろう。

2　収集とは何か—「モノ」に込められたもの

　2022年7月，岐阜県の美濃加茂市民ミュージアムで「『ハコ』展〜箱膳から『ハコモノ』まで〜」が開催された。

　ひとの暮らしや社会生活のそれぞれのシーンで不可欠なものとなっているハコ，それらは，多種多様な素材や形，用途や機能をもち，ひとの工夫や知恵が凝縮されている。これまで博物館で収集，分類整理されてきたものからさまざまなハコがピックアップされ展示された。ハコの概念にも目を向け，文学など箱にちなむことがらを紹介し，また博物館が多様な情報の集積の場という観点もあわせ，「ハコモノ」ともいわれるミュージアムのこれからについても思いを馳せることも意図された。さらに，市民に広く呼びかけて寄せられた，愛おしく魅せられたハコ，想い出の詰まったハコ，なぜか捨てられなく集まったハコなどが展示された。

Science? In Museology or Tomorrow's World, ISSOM, Verlag Dr. Christian Muller-Straten, Munich 1997.

登録：博物館資料目録に記載されること。

森羅万象：森羅は無数に並び連なる意味，象は有形物のことで，宇宙間に存在する一切の物事をさす。

産業分類：産業分類とは産業構造やその変化を的確に把握するため統一基準によって各種産業を同質的なグループに整理したものである。「国際標準」と統計法に基づいて定められた「日本標準産業分類」がある。この表では前者の国際標準産業分類を用いた。

「ハコ」展全景

転用されるリンゴ箱

情報集積のハコとしての博物館のPC

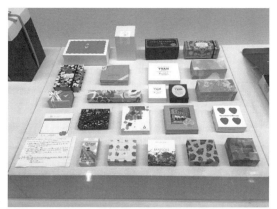
市民から寄せられたハコの数々

　ハコに込められた思いにふれ，分かちあう観覧者の光景が展示室にあった。

　「同じようなものを集めてどうするんだ」という博物館の収集資料に対する意見が一部にあることは事実である。しかし表向きの顔つきは似ていても，すべてどこかが違い，製作者と使用者のそれぞれの組み合わせによって，1つひとつがオリジナルなものである。構造や使用されている部材から時代的変遷がわかり，地域によって特徴のあることを知らされる。だからこそ系統的にモノを集め，観察・記録し，調査していかなければならない。その丹念な蓄積によって人の営みの姿が解明されていくのである。収集された資料は，形式分類や比較研究が行われ，学問に裏打ちさ

れて学術的な成果が明らかにされ後世へと伝えられる。そしてそれらのものを通して，観覧者や利用者は，当時のそしてその地域の社会像をそれぞれ形成していくのである。このように地域博物館が行う収集調査活動は，社会のなかできわめて重要な役割をもち，そこに博物館としての大きな存在意義があるといえよう。

そのうえで忘れてはいけないのは，地域住民のふだんの暮らしの視点である。「日常」に軸足を置くことこそが地域の博物館として大事なことである。それに関し収集する際に留意すべきことについて考えてみたい。

洗面器とほうき

① 資料の使用者や作成者の想いや記憶にも注目しそれを掘り下げてみる。
② 博物館の領域や学問体系からすこし距離を置いてみる。

いわゆる貴重品といわれないものも，それが暮らしや地域に根ざしたものであれば収集の対象となる。そして，展示の切り口次第でそれは，来館者にとって身近なものとなって共感を呼ぶものとなるのである。

美濃加茂市民ミュージアムでは2018年春に「使い込むほどに―暮らしの今むかし」展を開催した。写真はそこで展示された「鍋の木の蓋」「べこべこになった洗面器」「穂の部分がほぼ無くなったほうき」である。

「蓋」は，本来2本あった取っ手の1本が壊れ，1本を中央部に付け替えたものである。「洗面器」は，屋外で使われていたものらしく，おそらく何度も地面に落ちて表面が「べこべこ」になっている。「ほうき」は，ひたすら使いこまれ，今箒の役目を放棄しているものである。これらはいずれも，民具学のうえではものとして典型ではなく，研究や分類化されないものであり，収集の対象にならないものであろう。しかしこのようにむしろ学術的観

収集は博物館の中核となる活動だぞ。

点から置き去りにされたものにこそ，くらしが見えてくるものがある。

　この展覧会では，「ここまで使ってる鉛筆コンテスト」なるものを実施した。子どもから大人までふだんの暮らしで身近にある鉛筆について，市民や関係者に呼びかけ提供された。短くなったもの，つないで使いつづけているもの，想い出として捨てられないものなどである。

　今回の展示で収集展示されたものは，いずれも民具学からは注目されないモノたちばかりであるが，そこにこそ生々しい人々の暮らしの跡があるのである。

　美濃加茂市民ミュージアムでは，2016年度の企画展として「おどろきとこだわりのミュージアムグッズ」展を開催した。国内外で開発・販売されてきた68館のミュージアムグッズ約400点をコレクターや関係機関に協力を得てテーマ別に展示した。グッズを展示品として位置づけた本格的な展覧会としては国内ではおそらく初めてのものであり反響を呼んだ。

　また，「私の愛するグッズたち」と題し，来館者がグッズをもち寄り展示するスペースを設けた。ここには市内外の38名から171件の参加があり，手に入れたときの気持ちや思い出を書き留めた「コメントカード」を展示した。

　博物館としての基本的機能である収集活動，このことに関しては学術的観点から着実に進めていくのは当然であるが，今までさほど収集の視点にならなかった領域や観点にも博物館は目を向け，同時に資料の収集経過や背景，集め所有していた人の想いといった，収集に伴うさまざまな情報にも注意を払っていく必要性があると考える。

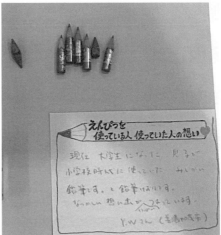

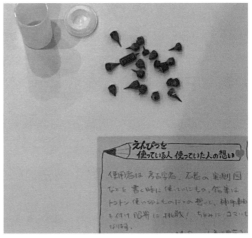

ここまで使ってる鉛筆コンテスト　右上：大学生になった息子が使っていた短い鉛筆，左下：とってあった数百本から
ベスト100本を選抜した，右下：鉛筆はトコトン使い切るもの，最後は独楽としても楽しめる。

ミュージアムグッズ展

収集した人のコメントカード

3 教育論

1　博物館の役割

　時代の移り変わりによって博物館の社会的位置づけが多様に変化していくなかにあっても，利用者に何らかの学びをもたらす教育的機能が博物館にあることは間違いない。

　博物館の目的や活動を規定する「博物館法」をみてみよう。そこには「国民の教育，学術及び文化の発展に寄与する」（第1条）ことがうたわれ，「『博物館』とは，歴史，芸術，民俗，産業，自然科学等に関する資料を収集し，保管（育成を含む。以下同じ。）し，展示して教育的配慮の下に一般公衆の利用に供し，その教養，調査研究，レクリエーション等に資するために必要な事業を行い，併せてこれらの資料に関する調査研究をすることを目的とする機関」（第2条）とされている。法体系としては戦後制定された教育基本法および社会教育法のもと，図書館法（1950年）とともに1951年に博物館法がつくられた。国民の教育に必要な施設として博物館を位置づけているわけである。2022年の博物館の一部改正によって，芸術文化基本法の精神に基づくことが目的として追加され，あわせて文化観光へ寄与することも期待されるようになった。博物館が地域振興や観光に役立つという面で活用されるのは歓迎されることであるが，教育を含め本来長期的視点で捉えなければならない視点がおろそかになることが懸念される。

　さて，教育機関といえば当然ながら学校教育が第一に上げられ，学習指導要領においても多くの教科で博物館の積極的な活用を促している。学校の子どもたちが博物館を団体で利用するという場面とその比較を通して，博物館の学びの特性と，もたらしているその影響について若干考えてみたい。

> 2022年に一部改正された「博物館法」は巻末資料を見るがよい。

2 モノと場を実感する

　美濃加茂市民ミュージアム（みのかも文化の森）では，2000年の開館当初から学校との連携を活動方針に据え，一人の子どもが小学校の6年間に10回以上利用するという濃厚な博物館体験を提供している。教科は，社会科のほか理科，生活科，図工など多岐にわたり，領域ごとの学芸員と，調整担当である学習係さらに市民ボランティアが体験活動を支えている。

　卒業時に子どもに対してアンケート調査を行い，6年間の活動の思い出や感想，自らの行動の変化，博物館施設に対する自由意見などをもらっている。

📖 『みのかも文化の森／美濃加茂市民ミュージアム　活用の手引き・活用実践集』（平成29年度版）2018年3月，美濃加茂市民ミュージアム，毎年発行。

・ていねいにわかりやすく，やさしく教えてくださったので，よくわかるようになりました。やっぱり，実物を見て，実際にさわってみることは大事だなあと思いました。
・（ミュージアムは）たくさんの文化がつまっていて，おどろきと発見の多いところでした。
・「そうなんだ！」と思うことや「もっと知りたいな」って思わせてくれる体験やお話をしていただいて，毎回「楽しかったな」と感じてました。

　このように，学校の教室ではできない実物を用いた体験活動をとおして，子どもたちに好奇心の深まりとひろがりが生まれている。

　また，かかわった教員の感想（「振り返りシート」記載）をみてみよう。

・実際に冷たい水を使って洗濯をしたり，重い石臼を動かしたりすることで，昔の人々の暮らしに思いを馳せることができた。教科書を見たり，話を聞いたりするだけでなく，体験することで理解を深めることにつながった。
・実物を見ながら学んだことで，教科書に載っている歴史が物語などではなく，実際の事柄として実感を伴って考えることができた。

　学校の教育は子どもの知識の習得や学力向上を主眼とするが，その達成のためには教科書では得られない実物や実感を伴った博物館体験がきわめて有効で，想像力や社会のイメージを構築してうえにも効果的であるといっている。

　小学校3年生の社会科の単元「古い道具と昔のくらし」で，美濃加茂市民ミュージアム敷地内にある復原民家の和室を使って火

鉢の体験をする時間があった。かぶせて
あった灰を動かし，下から真っ赤な燠（おき）が見
えたとき，ある子どもがふと「宝石みたい」
とつぶやいた。燠の炎の透明感がそう感じ
させたのだろう。バーチャルではない本物
を通してしか生まれないつぶやきだと思
う。そして，それは博物館内にある昔の暮
らしを醸し出す復元民家の一室でそれを見
たからこそ出たのではないか。五感が解放
されるそんな空気がそこにはあったのだろ
う。

「古い道具と昔のくらし」の授業（火
鉢を使う）

　最近は，博物館的体験を学校で行う，いわゆる出前授業とかア
ウトリーチという形が増えている。授業時間の減少に伴い，移動
の時間や手段の困難さを考えたとき，きわめて有効な手段である。
しかし，学校へ持って行けないのは，博物館のリアルな「場」で
ある。どちらでも同じような体験であるが，その場所や空間によっ
てその感受の質は大きく変わる。学んだ場所の記憶は深く心に刻
み込まれる。

・毎回，文化の森に行く前日ずっとワクワクしながら，待っていました。その次の日，文森（美濃加茂市民
　ミュージアム—筆者注）にいくとワクワクの気持ちがはちきれそうになりました。（アンケート調査より）

　子どもにとっては，博物館が学校とは違う気持ちが高まるまさ
にワクワクする異空間なのである。

　モノと場。博物館はこの特性を生かすことを絶えず忘れずに学
びの活動に取り組むことが重要である。

3　体験の長期的影響

　博物館は生涯学習機関である。学校の授業で団体利用すること
は当然一定の効果を上げるものであるが，博物館としてはそれで
完結するわけではない。むしろその後，体験がその人の人生でど
のように影響を及ぼしていくのかという長期的な視点も大切であ
る。

美濃加茂市民ミュージアムでは2014年から毎年，博物館で学んだ新成人にアンケートを実施し，小学校時代の博物館体験と自身の生き方との関連性について探っている。2018年成人式（2018年1月7日・美濃加茂市文化会館，回答数64名，回収率16％）参加者の結果を下記に紹介する。会場の一角には，当時を思い出してもらえるよう，市民ミュージアムで学んでいる写真パネルを展示した。

文化の森（美濃加茂市民ミュージアム）の「体験が，生活や学業，仕事などに影響や関わりをあたえているかどうか」の設問に対して①ある：8％，②少しある：15%，③あまりない：13%，④ない：14%，⑤わからない・無回答：50%となり，約4分の1が何らかの影響を感じているようである。その内容は次のようなコメントからわかる。

| ②少しある 15 | ④ない 14 | ⑤わからない・無回答 50 |

①ある 8　③あまりない 13　(%)

「体験が，生活や学業，仕事などに影響や関わりをあたえているかどうか」
出所：『みのかも 文化の森／美濃加茂市民ミュージアム　活用の手引き・活用実践集』（平成29年度版）

・文化の森の体験で，学芸員という仕事に興味をもち，学芸員の資格を取得するための勉強をしている。
・博物館に興味をもち，現在は資料の取り扱いや，博物館の経営について学ぶ学校に通っている。
・理科が好きになりました。理科教育養成の大学に進学しています。
・よく学びたいと思えるようになり，博物館や図書館に行くようになった。

このように，少数であるにせよ小学校の体験が学芸員や博物館に対しての思いや関心につながっていったことが鮮明にわかる。

「文化の森の体験などについて『良かった』『誇りだな』などと思うことがあるか」の設問に対して，①ある：14%，②少しある：24%，③あまりない：14%，④ない：6％，⑤わからない・無回答：42%となり，4割近くが，博物館に対して好感をもっていることがわかる。

| ②少しある 24 | ⑤わからない・無回答 42 |

①ある 14　③あまりない 14　④ない 6　(%)

「文化の森の体験などについて『良かった』『誇りだな』などと思うことがあるか」
出所：同上手引き

・（現在通っている）同じ学校の（市外の）子に文化の森について聞かれたりすると，ほかの所にはないもので誇りだと思う。
・強く記憶に残っている。そこから私の博物館好きが始まった気がする。
・（現在通っている）小学校のころから文化施設や学芸員さんという存在が身近に感じられることで，美術館，博物館に行きやすい環境があったと思う。

これらコメントから，学んだ環境・博物館や学芸員の存在感を感じていることがわかる。

体験の追跡調査によって博物館活動の影響を把握していくことは，利用者の意識変化や教育的効果を知るだけでなく，地域の博物館にとってその存在意義を考えるうえでもきわめて重要である。

（3）主体的学びと社会

さて，博物館は子どもだけでなく大人にもさまざまな学びの場となっている。各種の展覧会を通して利用者に新たな知見を与え，好奇心に刺激を与えている。展覧会のほかに，講演会や講座なども教育手段として大きな位置を占めている。図書館や公民館などほかの生涯学習施設との違いは，博物館が実物資料や地域資源をもちそれを有効に活用している点であるが，ほかの機関と同様に大事にしていかなければならないのは，自らが行う市民の自由な学びを支援する考え方を館としてもつことである。

美濃加茂市民ミュージアムでは，地域に伝わる料理も固有の地域文化と位置づけ，その調査活動を行い関連する講座を実施している。その主体となるのは，ボランティア「伝承料理の会」（2017年度登録者35名）である。古くから家庭に伝わる料理を調べ，年間10数回の市民向け講座を開催するほか，冠婚葬祭や民間信仰，地域の年中行事などに伴って振るまわれる料理の数々の調査と「復元」活動などを行っている。講座で実施した料理は『おばあちゃんちのおかって』という小冊子シリーズにまとめ館内で販売されている。あるとき，会では家庭ごとで作られてきている漬物について興味をもち，会で独自に聞き取りなどをしてその結果を「漬物フェスティバル」という催し物で発表した。活動に関し，博物館側は聞き取りの手法などについて助言したほかは，会の自主性に任せた。40種類以上の漬物が集まったフェスティバルでは単なる家庭の漬物の紹介にとどまらず，素材である野菜の作り方や畑のこと，さらには環境や現代社会まで視点や関心が広がり，調査した会

『**おばあちゃんちのおかって**』（第1集）美濃加茂市民ミュージアム，2002年：2019年までに第4集および漬物特集の5冊が発行されている。

「漬物フェスティバル」での発表風景（2011年）

のメンバーとそれを聞く参加者の両者がお互い学び合う光景があった。

　博物館は利用者の知的好奇心から発展した主体的学びの活動を見守り，それを側面から支援する姿勢をもつことが必要である。

　博物館での学び。それは最初その人の個人レベルのものであろう。がその個人の興味関心の深まりにとどまらず，地域の課題や社会に対する意識や視点へつなげていくという流れは教育機能をもつ博物館として大事にしていきたい点である。地域社会にある博物館の存在意義の1つはここにあると考える。

4　「館キャラ」を博物館活動にいかそう—かわいいだけ？　怖くてもいい？

　近年まで社会現象ともなっていた地方自治体や企業・団体などのイメージキャラクターとして「ゆるキャラ」がある。それぞれの対象に親しみや愛着をもってもらうための手段であり，宣伝の一環である。そして，その流れは，ミュージアムや史跡などにも及んでいて，さまざまなミュージアムキャラクターも生まれている。しかし，ミュージアムであるならば，「ゆるキャラ」とは違う役割や活動の仕方があるはずだ。パンフレットやサイン板などにあしらわれている程度の，まさに「かわいいだけでいいの？」である。

　せっかく，ミュージアムのキャラクターとして誕生したのであれば，ただ「かわいい！」という客寄せ的な存在ではなく，そのミュージアムの個性を反映し，また興味や関心をもってもらうための案内役や導き手として，できれば教育活動の一端を担うなど役割も担ってほしい。そんな戦略をもってキャラクターを「館キャラ」と位置づけ，ミュージアムの教育活動の一翼として産み，育ていくことが大切といえる。たとえば，次のような事例がある。

　京都国立博物館の「トラりん」は，2015年10月の特別展覧会開催のときに，同館公式キャラクター「PR大使」として誕生した。そのモチーフは，18世紀に尾形光琳によって「竹虎図」として描かれた虎で，正式な名前は光琳の幼名「市之丞」にちなんだ虎形琳ノ丞。性格は「やんちゃ，好奇心旺盛」などとその設定も細や

かである。同館のブログでは展覧会の紹介も行い，また着ぐるみのトラりんが定期的に現れる。同館の硬いイメージ払拭し，若いファン層を生み出した。

　大阪府立弥生文化博物館の「カイトとリュウさん」は，二体のコンビ形式の館キャラである。カイトは亀井遺跡出身の弥生犬で，リュウさんは池上曽根遺跡からみつかった土器の壺に描かれた龍の絵がモチーフになっている。いずれも同館の展示物で，2013年度に博物館の解説マンガのなかのキャラクターとして登場した。その後，館内の教材や体験コンテンツ，解説シートやカード，音声ガイドにアニメにもなっている。なお，カイトは標準語で，リュウさんは関西弁。解説をする会話のやりとりも楽しく，子どもたちや地元小学校の教員にも人気である。

館キャラ　左から「トラりん」「リュウさん」「カイト」「ハニワこうてい」

　大阪府八尾市にある八尾市立しおんじやま古墳学習館の「ハニワこうてい」は，2012年4月に誕生した。「ハニワ帝国」のハニワこうていとして，「1600年前に古墳や埴輪を作っておきながら，最近までほったらかしにしておった人間に怒っていて，人間に代わって，古墳や埴輪の魅力を伝えることで，世界征服をねらっておるのだ。また余は，見た目が少し怖いので『ゆるキャラ』ではなく，『こわキャラ』とも呼ばれておる」と徹底したキャラクターの設定が特徴だ。小学校の児童たちが見学学習に訪れたときに，少しでも古墳に興味関心をもってもらいたいという，ハニワこうていの側近という設定の福田和浩館長の発案で誕生した。

　いずれも，お飾りとしてのマスコットキャラクターとしてではなく，博物館に親しみをもち，関心を抱かせる教育活動を担う「館キャラ」として位置づけられている。さらに，ミュージアムグッズへの展開も相まって，それぞれのミュージアムに欠かせない存在となっている。

みな，各地のミュージアムでお役目にがんばっておるぞ！

4 展示論

1 まずは博物館の広報に注目

　一言で「展示」といってもさまざまな種類がある。普段は何気なく目にしている博物館のチラシ，ポスター，パンフレット，ホームページなどをよく見直してみよう。

　学校，図書館，市民ホールなどの文化施設や鉄道の駅をはじめとした交通設備，観光施設にはさまざまな博物館から送られてくるポスターが貼り出されている。それらには展示会タイトルが目立つように掲げられているが，よく見るとその前に「企画展」や「特別展」，また「巡回展示」などの文字が付記されていることに気づくであろう。

　また，博物館のパンフレットやホームページに掲載されている館内案内図を見てみると，「常設展示室」「企画展示室」「屋外展示」などといった語句がよく見受けられる。

　このように，博物館の広報に注目しただけでも「展示」にはさまざまな種類があることがわかる。その分類方法は多様であるが，代表的なものは表4.1のとおりである。

そもそも「展示」とはにゃんだ？

表4.1　展示の分類方法

① 開催期間による分類	常設展示 企画展示（特別展示）　など
② 場所による分類	屋内展示 屋外展示
③ 主催者による分類	単館展示 共同展示（巡回展示）

2 展示の種類にみる博物館の工夫

（1）開催期間による分類
「展示」の分類は展示会の開催期間によって分けるもので，大

きくは常設展示と企画展示とがある。

① 常設展示

一般的に常設展示は，開催期間を区切らずに，その博物館を訪問すれば常に観覧することのできる展示である。常設展示の多くは，その博物館で最も主張したい一貫したストーリーの下に組み立てられているのが通例であり，いわばその博物館の顔ともいうべき展示である。

ただし，常に観覧できる（「常設」）ということは，他方で，「変わり映えがしない」という負のイメージで捉えられることにもつながる。多くの利用者に「常設展示は，1回見たからもう行かない」との感想を抱かれやすいという欠点がある。

そのため多くの博物館では，大筋の展示ストーリーを維持しうる範囲で展示品を随時，入れ替えて展示をするという工夫が施されている。また，とくに歴史民俗系の博物館では「総合展示」などの名称を用いることで，「常設」という語句にまとわりつく負のイメージを払拭する試みがなされている。

② 企画展示

企画展示は，常設展示とは異なり，開催期間を区切りながらある特定のテーマを掲げて展開する展示である。一般的にその期間は2～3カ月程度であることが多く，季節ごとにテーマを変えて企画展示を開催するのが普通である。

展示会ごとにその展示品や空間のしつらえなどが異なり，変化に富むことから，利用者には「来館するごとに展示が変わっている」と捉えられ，それが「博物館を何度でも訪れたい」と利用者に思わせる要因となり，リピーター（再来者）の確保につながっている。そのためどの博物館でも企画展の開催には大きな力を入れている。

企画展示では展示会名にも趣向を凝らしている。「開館10周年」などのように記念碑的意味合いをもたせるとき，また，大規

大英博物館：タラ像，金メッキされた青銅，スリランカ，西暦8世紀頃

44

模な展示会であるときは「特別展示」などの名称を冠して，利用者に期待感を抱かせるなどの工夫である。

（2）場所による分類

これは展示を行う場所によって分けるもので，大きくは屋内展示と屋外展示とがある。

① 屋内展示

通常，展示会の開催会場としてイメージされるのは，博物館等の展示施設内で開かれる屋内展示であろう。とりわけ人文系の博物館で主として取り扱われる資料はデリケートなものが多く，そのため適正な温湿度の維持や明るさ（照度），虫や害獣などによる生物被害の防除対策などをはじめとした資料保管環境を整備することが必要である。また，盗難などをはじめとした防犯対策や震災・火災などの防災対策も求められ，これら諸々の条件を適切に整備するのは，展示専用の施設内（屋内）での展示のほうに利便性があり，望ましい。

ビクトリア・アルバート美術館：資料
保管環境を整備した照明の例

また，展示演出面においても屋内展示は利点がある。たとえば，ある展示資料を引き立たせるために，その部分だけスポットライトを当てることや，映像や写真スライドを投影することなど，展示環境全体をコントロールし，展示効果を高めやすいのも屋内展示の特徴である。

屋内展示にあっては，常設展示用の常設展示室と企画展示用の企画展示室とをそれぞれ独立した空間として設け，展示替や各種メンテナンスなどに対応できるようにすることが原則である。複数の展示室を備える博物館もあり，それぞれ独立したテーマの展示を展開する場合や，大規模展示会の場合はそのすべてを用いる場合もある。

② 屋外展示

屋外展示とは，展示ケースに収納することや展示台にディスプレイすることのなし

災害記念館前（インドネシア・アチェ州）：モニュメント屋外展示

得ない巨大な資料，たとえば歴史的建造物，古墳などをはじめとした遺跡の類，飛行機・機関車・車などの近代産業資料などを建築物の外（屋外）に展示するものである。また，歴史的集落や学術的に貴重な景観，庭園，畑や植栽そのものを展示として扱う場合も屋外展示として位置づけられる。

　これらはいずれも展示施設のなかには展示することが物理的に困難なもの，ある程度の風雪にも耐え得る堅牢な資料，もしくは自然な変化が生じることを前提としたものであることが多い。屋外展示の資料はその外見上の特徴から，見た目上の迫力があり，また，周囲の景観と調和した演出をすることで，歴史・文化の雰囲気を体感できるなどの利点がある。庭園，畑や植栽の類はその時々の天候や季節・年の移ろいに従い，さまざまな変化をみせる。これも屋外展示ならではの特色である。

　また，屋外という特性を活用し，屋内空間では実施しにくい火や水を用いた特別イベント，たとえば古代料理の復元・試食会などのような事業を開催することもある。人文系の博物館にあっても畑や植物園を併設する事例があり，そこでは畑の耕作・収穫体験イベントや植物観察会の開催などといった活用上の工夫が見受けられる。

（3）主催者による分類
　これは展示実施の主体別に分けるもので，大きくは単館展示（単館主催展示）と共同展示（巡回展示）とがある。
①　単館展示
　単館展示は，ある博物館が単独で企画立案・予算準備・展示等の事業そのほかすべてを手掛ける方法で，最もその館の個性を打ち出しやすい形態である。ただし，単館の実施であることから予算・人員などに限りが生じ，ある規模以上の展示は困難となる。
②　共同展示
　単館での実施がむずかしい場合は，複数の館が協力しあう共同展示という形態が選ばれる。これは複数の館が予算・人員・資料などを提供しあうことで，一館だけでは実現しえない規模の展示

会を開催することが可能となるという利点がある。展示会については，共同館がそれぞれ時期を区切りながら順番に展示会を開催することから，巡回展示とも呼ばれる。

巡回展示は，事業規模の大きさから，実行委員会形式で実施されることが多い。テレビや新聞社などの大手マスコミ会社や映像会社が企画・広報の中心となり，大勢の集客につなげることがよくみられる。展示テーマも一般の興味・関心が高そうなもの，団体動員が見込まれる内容が設定され，たとえば人気ドラマ・映画にちなんだもの，高名な宗教家や大規模寺社に関するものがよく選ばれる傾向にある。

ただし，共同展示は複数の館がかかわり，また，事業期間も長くなることから，関係館同士の意思統一や事前打ち合わせを入念に行う必要がある。この点において単館展示よりも準備に手間がかかることには留意しなければならない。

実行委員会形式：単発的なイベントを実施するにあたり，さまざまな団体が資金・人を出しあって共同で運営する形式。博物館の巡回展などの大型展示会の場合，博物館とマスコミ会社などが実行委員会を結成し，開催することが多い。

展示にもさまざまな種類があるとわかったな。

3　展示の方法にみる博物館の工夫

展示をする資料の種類やその展示の仕方・方法も多種多様であり，その代表的なものは表4.2のとおりである。

① 実物資料

実物資料は，この世に1つしかない貴重なものである。よって，展示にあたっては破損防止，盗難などが起きないための防犯対策など，資料の特性に応じた細心の注意を払わなければならない。

表4.2　展示資料の種類と展示の仕方・方法

	主な展示資料の種類	主な展示の仕方・方法
①	実物資料	ケース内展示 露出展示
②	複製資料	同上 ハンズオン展示
③	模型・ジオラマ	同上 環境復元展示
④	映像・音響	モニター表示・壁面投影 スピーカー
⑤	グラフィック	パネル展示
⑥	①〜⑤の複合	複合演出展示

ブリティッシュ・コロンビア大学博物館：そのまま台上に展示した露出展示

実物資料の展示にあたっては，上記の理由から展示ケース内に展示されることが多い。他方で，温湿度の変化などにあまり影響されない素材でできた資料などについては，ケース内に入れず，そのまま台上に展示する露出展示という方法が採られることもある。露出展示の利点は，利用者と資料との心理的距離が近く，より印象に残りやすいことがあげられる。留意すべき点としては，事故防止のために監視員を常時配置することなどの各種対策を講じなければならないことである。

② 複製資料

複製資料は，実物資料を展示しえない事情にあるとき，あるいは学術・教育上の効果というねらいから，実物をもとにした複製品が作成・展示されることがある。

一言で「複製」といってもさまざまな方法が存在する。たとえば，現在あるがままのとおりに複製品を作成する場合は現状複製という。現状では破損・欠損している部分などを学術的に考証し，その本来の姿の状態で複製品を作成する場合は復元複製という。

複製資料は実物資料に準じるものであるので，実物同様に展示ケース内での展示が普通である。その一方で，複製品としての利点を生かし，観覧者が直接，触ったり，動かしたりできるようにするハンズオン展示として複製品を活用する場合もある。

③ 模型・ジオラマ

模型・ジオラマは，実物をもとに主としてミニチュア化して作成・展示する方法である。ミニチュア模型の利点は，実物では見せられない箇所や様子，たとえば建築のミニチュア模型の場合であれば，誰でも鳥の視点で上空から見降ろすように建築全体を鑑賞することが可能になる。壁面の一部を取り除いて展示することで（カットモデル），建築の構造を提示することもできる。

ジオラマは「情景復元模型」と翻訳され，建物やその周囲の植栽はもとより，そこに

トレント（イタリア）：自然史博物館
MuSE のジオラマ展示

住んでいた人や用いられた道具・小物などに至るまで，ある光景全体を模型として再現したものである。江戸時代の城下町全体の情景をわかりやすく提示したいときは，ジオラマ展示が効果的である。

なお，ジオラマについては映画のセットのように原寸大で昔の街なみなどを再現してそのなかを歩けるようにするなど，非日常的な体験を味わえる演出を施した展示もある。観覧者に強い印象を与えられる一方，その作成には費用もかかり，展示替も容易ではないという点は留意する必要がある。

④ 映像・音響

映像・音響は，過去に記録された映像・音声フィルムをそのまま紹介する場合のほか，それにアニメーションやテロップ，ナレーション，音響上の効果を加え，ドラマ仕立てにしてわかりやすく展示ストーリーを紹介する方法もある。

モニター上での上映や壁面に投影するほか，音だけを特別に聞かせたいときはヘッドフォンで紹介することもある。近年ではスマートフォンの普及に伴い，来観者が専用アプリをダウンロードして，解説音声や動画などが視聴できるようにする事例も増えつつある。

⑤ グラフィック

グラフィックは，説明文・写真・図版・表・イラストなどを効果的に配列・デザインすることで展示意図をわかりやすく伝える技法。パネル化して展示するほか，映像に取り入れるなどの用い方がなされる。

⑥ ①〜⑤の複合

便宜的に個別の資料の種類ごとに分けて説明したが，実際の展示にあっては，さまざまな方法を組み合わせ，展示効果をより高める複合演出展示が一般的である。ある民俗道具を紹介する場合，それを使用している様子を動画記録化した映像と実物とを並べて紹介することで，その道具のもつ意味・価値をわかりやすく伝達することが可能となる。

いずれの方法にあっても博物館の展示は学術的正確性が求めら

れる。たとえば，ジオラマ作成には細部に至るまでの考証が必要であり，玩具と博物館展示との一線を画するのはこの点にある。

だが，展示意図を効果的に伝えるために，演出面に比重をかけるときもある。一例として，解説グラフィックの作成に際し，親しみやすさを重視して解説役のキャラクターの体をマンガ的に三頭身にディフォルメ（誇張）してデザイン化するなどである。

ともあれ，展示計画を立案するにあたり重要なのは，展示の「ねらい」により，どの方法が，あるいはどの方法の組み合わせ最も効果的に「ねらい」を伝えられるのかという視点に立って，それに適したものを選択しなければならないことである。

4　常設展示設計と企画展示設計の流れ

（1）展示会開催までのスケジュール

一般的に，展示会の開催・運営にあたっては，その前提となる展示資料の収集，調査・研究，普及事業の開催など検討事項は多々あるので，計画的に実施することが求められる。充実した展示の実現のためには準備時間を十分に確保することが第一の条件である。

展示会の準備・開催・運営にあたっては，おおむね次のようなスケジュールでなされる。無論，それぞれの博物館や展示会の性格など諸般の事情により実際にはまちまちであるので，1つのモデルケースとして受け取ってほしい。

展示会の準備：展示会の準備スケジュールを詳細に述べたものとして，関義則「展覧会の運営実務について」『埼玉県立博物館紀要』25，2002年などがある。

① 展示会開催3〜5年前

展示会で取り扱う主題を決定し，それにまつわる資料の所在調査を実施し，あわせて関連事項についての学術的な調査研究を行う。調査研究にあたっては，学芸員単独で，もしくは外部の専門家とチームを組みながら実施する場合でも，およそ3〜5年程度である程度の成果が出るようにしておくことが求められる。

それと平行して，調査研究成果に基づきながら展示計画案（展示のねらい，展示ストーリー案の作成など）を立てる。展示資料の候補を挙げ，資料所蔵者・所蔵博物館との内々の交渉などをし，展示協力の可否についてある程度の確認を行う。その過程では，

見えないところで，たくさんの計画が並行して進んでいるのだな。

意図したとおりとはならないのが普通である。適宜，軌道修正を加えながら展示資料候補リストを修正し，その繰り返しにより，展示計画案が具体的かつ開催可能なものへと練り上げられていくのである。

　開催の見通しが立ったところで，その展示会の開催時期を確定する。博物館では年間に複数の展示会が開催され，それぞれの準備が同時に進んでいる。担当した展示会の開催時期については，その博物館の年間事業計画を立てる段階で，調整を図りながら決定される。

② 展示会開催1年前

　展示会開催に必要とする予算案を立て，資金的な手当ての準備をする必要がある。一般的に公立博物館の場合，予算案を立てるのは，その展示会が開催される前年度（1年前）である。

　だが，もっと早い段階から，展示会に関連する業者（ディスプレイ業者，資料運送業者，印刷業者ほか）から各種費用を見積もってもらい，ある程度の事業総額を事前に把握しておくことが望ましい。予算額の決定にあたっては，ほかの事業との兼ね合いから調整がなされ，当初予定していた事業総額と異なることが多いからである。そのため，確定した予算額に基づき，各種プランを見直す必要が生じることもある。

　関連する普及事業案も計画し，講座・講演会の講師や会場・使用機器・物品の確保などについて具体化しておく。あわせて，ホームページや年間事業案内などの広報媒体をとおして，展示会の概要と開催スケジュールを一般に告知する。

③ 展示会開催半年前～開催1週間前

　展示にかかわるすべての活動が本格的に動き出す段階である。おおむね次の諸分野があげられ，それぞれに関連する人・博物館・業者と契約手続きに入る。この段階では具体的な実施日時について確定し，その期日内までに業者は作業を実施・納品を行う。

　とくに公立館の場合，予算執行にあたっては各自治体の規則でその手続きが定められ，時間がかかることも多い。また各種契約にあたっての書類事務が膨大となるので，計画的に実務を遂行す

1年前!!　やっと外にお知らせができるのか。

ることが求められる。

■展示資料の収集関係：展示資料を借用する場合には，所蔵者・所蔵館と資料借用の手続き。資料を博物館まで運搬・返却するための専門の運送業者と契約。その際，保険に加入する必要があるときもあるので，事前に資料の評価額を算出する手続きも必要となる。なお，資料の借用にあたっては，その写真を図録やパネルに掲載することを考慮し，開催1〜2カ月前には博物館に搬送し，写真撮影を行うのが望ましい。

■ディスプレイ関係：展示設計図案を完成させ，どの位置にどのようなかたちで展示するのかを明確化する。それに基づき，展示ケース，展示台，パネルなどの制作にあたり具体的な仕様(寸法，素材，構造，デザイン，制作個数など)を明確化する。展示室内での設置を含め，これらを専門的に制作するディスプレイ業者と契約する。

■展示図録関係：展示図録の全体構成を立て，具体的な仕様（印刷部数，判型，頁数，カラー・白黒の別，使用する紙質など）を明確化し，印刷業者と契約。学芸員は原稿を執筆し，掲載写真を準備・撮影する。遅くとも開催1週間位前に完成・納品されることが望ましい。

■広報関係：ちらし・ポスターでの告知内容・使用写真などの内容を決め，具体的な仕様（印刷枚数，判型，カラー・白黒の別，使用する紙質など）を明確化し，印刷業者と契約。デザインを全面的に業者に委託することも，博物館職員がすべてデザインを行い，印刷だけを業者に委託することもある。およそ2〜3カ月前に広報類の発送・掲示。とくに，マスコミへの情報提供を積極的に行うなどの工夫が求められる（次ページ参照）。

■来館者対応関係：監視員などの募集，契約。関係者に対する招待状の発送。開催セレモニー・レセプションを挙行する場合には出席者への案内，各種業者と契約・手配。

④ 展示会開催1〜2週間前

■ディスプレイ関係：展示室内に計画に基づきながら，ケースや台を設置し，資料やパネルなどを展示する。展示会の規模によっ

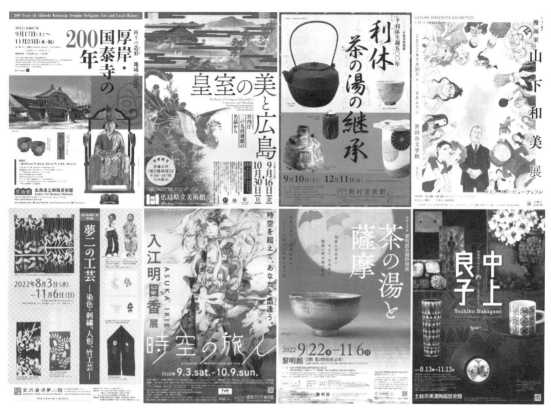

広報用ちらし：（上段左から）北海道立釧路芸術館・広島県立美術館・野村美術館・世田谷文学館・（下段左から）金沢湯涌夢二館・福岡アジア美術館・鹿児島県歴史美術センター黎明館・土岐市美濃陶磁歴史館（2022年8月現在）

てさまざまだが，1〜2週間のスケジュールの余裕をもたせることが望ましい。

■来館者対応関係：展示計画案や展示図録などに基づきながら，展示案内を行う職員・ボランティアの研修を行う。

⑤ 展示会開催中

■普及事業関係：関連講座・講演会開催のための準備，当日の運営，事後処理など。

■広報関係：各種マスコミ対応。近年ではSNSの発達により，展示に関するトピック的な内容を随時，ツイッター・フェイスブックなどにより情報発信することも行われている。

⑥ 展示会終了後1カ月以内

■ディスプレイ関係：各種展示設営物の撤去。設営作業に比べれば，短期間で終了することが多い。数日〜1週間程度である。

博物館の内外で，多くの協力者に支えられて，いよいよオープン！

■展示資料の収集関係：展示会終了後，速やかに借用資料は返却
　しなければならない。1ヵ月以内が目安であろう。

　展示会は，次に開催予定の展示会担当者に会場を引き渡し，借
用資料を無事に返却を終えてはじめて終了である。それまで展示
会担当者は事故などがないよう緊張の日々を過ごすことになる。
展示会期が終了し，会場からすべてが片付けられて何もなくなる
と，茫然として一抹の寂しさを感じる瞬間が学芸員にはある。

　なお，日常的な警備・防犯体制の整備，消防署等と連携した防
災計画・体制の整備，資料受け入れにあたり燻蒸（くんじょう）をはじめとした
保管処置を講じることなども上記スケジュールに平行しながら実
施する。

（2）展示設計にあたり配慮すべき点は何か

　展示案を立てるにあたっては，展示のねらい，それを語るため
に必要なストーリー，具体的な展示資料，展示メディア（グラ
フィックパネル，模型，映像など）を検討することは基礎的な前提
であるが，それに加えて，次の諸点にも配慮をしなければならな
い。

　① ユニバーサルデザインへの配慮

　さまざまな年齢層，国籍，利用目的，障害の有無などを問わず，
すべての利用者にとってわかりやすい展示をめざすこと。具体的
には，視覚障害者や外国語対応をした携帯型音声ガイドシステム
の導入，複数言語・点字対応の案内板・ガイドブック・パンフ
レットの作成，車椅子に対応するための通路幅の確保などがあげ
られる。今後，外国人利用者の増加が見込まれることから，外国
語の案内についてはネイティブチェックなどが必要とされる。

　② 学術的正確性の確保

　学芸員の専門領域はもとより，それ以外の分野についても展示
をすることが多い。そのため，外部の専門家とチームを組むこと
や，それぞれの分野の専門家に展示内容の監修を依頼し，設計や
製作段階で専門的視点からチェックを受けることが必要となる。

③ 実物資料の保管に配慮した展示

とくに日本の古美術資料は脆弱であるため，本来，長期的公開には不向きであるものも多い。文化庁では実物資料の公開にあたって留意すべき点を「文化財（美術工芸品等）の防災に関する手引」「国宝・重要文化財の公開に関する取扱要項」（2018年改訂）としてまとめているので，これらに準拠しながら展示・公開体制を整える必要がある。

④ 常設展示固有の課題

常設展示はいったん公開されると，基本的には大幅な内容の変更はなされない。それだけに，入念な準備が必要となる。

■一般的には博物館建設と同時並行的に常設展示の計画が立案されるので，博物館の建築デザインと密接な連携を図りながらそれに即した展示計画を立案する必要がある。

■常設展示の立案スケジュールの例。

　a 基本構想…期間：半年〜1年程度。検討内容：博物館全体のコンセプト，その実現のための展示概要について検討をする。

　b 基本計画…期間：半年〜1年程度。検討内容：a をふまえ，展示のねらいとそれを物語るストーリーについて検討する。

　c 基本設計…期間：1年程度。検討内容：a・b をふまえ，その実現のために，具体的な展示資料の候補，ストーリーを物語るために必要な展示メディアを具体的に選択（実物資料でストーリーを物語るのか？　模型や映像で物語るのか？　など）。建築設計の展示空間をふまえながら，展示イメージ図を制作し，各関係者とともに展示イメージの意思統一を図る。

　d 実施設計・施工図…期間：1年程度。検討内容：c に基づき，各種展示ケース，実物資料を展示するための道具（演示具），展示メディアの設計図を作成（寸法，素材，構造，デザイン，制作個数など）。この図面に基づいて，実際に実物が制作できるレベルの精度・内容とすることが求められる。

　e 施工：期間：1年程度。d の設計図面に基づき，制作し，実際に展示配置。完成。

以上の過程を経て，常設展示の設計〜完成まで5年前後の時間

展示・公開の手引きや取扱要項もしっかりとおさえておくがよい！

POINT

を必要とするが，各館の事情によりさまざまな事例が存在する。展示準備の時間が1年程度しか確保できない場合もあれば，10年かかる場合もある。基本計画と基本設計を兼ねることもあり，臨機応変に対応しなければならない。

■常設展示は，あるストーリーを恒常的に展開する必要がある。実物資料は先述のとおり資料保存上の理由から展示期間に関する基準が存在する。そのためこうした制約に捉われない複製品・模型・ジオラマ・映像などの展示メディアが多用される傾向にある。これらの制作にはその準備期間も含め，かなりの時間を必要とする点に留意する。

■常設展示はいったん完成すると，大幅な内容の変更は困難である。したがって，計画段階である程度の展示替えを想定した内容・デザインとすること，将来的なリニューアルにも配慮した工夫が求められる。

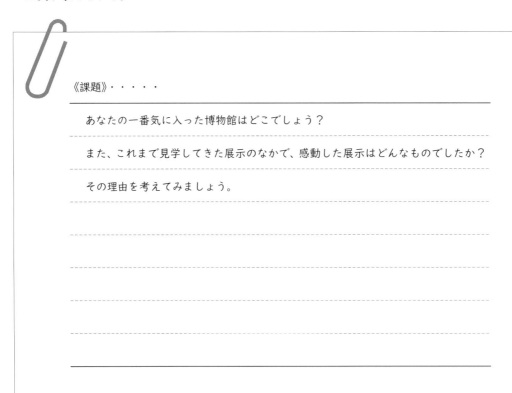

《課題》・・・・・

あなたの一番気に入った博物館はどこでしょう？

また、これまで見学してきた展示のなかで、感動した展示はどんなものでしたか？

その理由を考えてみましょう。

特論 2
博物館学を学ぶための必読書10選

　これまで本文で述べてきたことは博物館に対して興味を抱くきっかけ，いわば博物館学の入口である。これから本格的に博物館について深く知ろうという意欲をもった人のために，「お勧め文献」の案内をしよう。

　選択の基準として，図書館などで閲覧しやすいもの，また，購入する場合にあたって比較的安価かつ入手しやすいもの，分量として厚くなく読み通しやすいものといった観点を重視した（ただし一部，例外はある）。

　博物館は常に変化しつづけていることから，１「博物館の今とは何かを知る」ための基本文献，２博物館の基本を知るための「博物館とは何かを知る」ための基本文献，３どのような経緯を経て現在の博物館があるのかをふまえた博物館の未来像を探るための「博物館の歴史と未来像は何かを知る」ための基本文献という３つの視点からまとめた。これらを出発点として知識の基礎を固めてからは，『新版 博物館講座』（雄山閣，1999-2001年）などの講座シリーズやより専門的な書籍の閲覧に挑んでほしい。

1　「博物館の今とは何かを知る」ための基本文献

❶『博物館関係法令集』（公益財団法人日本博物館協会編・発行，随時改訂版発行）

　　　　　　　　　　　　　　　　■https://www.j-muse.or.jp/03books/other.php

　日本の博物館行政の根幹である「博物館法」「博物館法施行規則」をはじめとし，博物館に関係する法令・規則類，たとえば「教育基本法」「社会教育法」などが掲載されている。法令改正のたびに順次，改訂されているので，最新のものに目を通す必要がある。

　とくに「博物館法」は，日本の博物館運営の基礎を形づくっているので，最低でも一度は全文に目を通してほしい。

❷『博物館学・美術館学・文化遺産学　基礎概念事典』（東京堂出版，2022年）

　　　　　　　　　　　　　　　■http://www.tokyodoshuppan.com/book/b607313.html

　博物館と博物館学の基礎概念を21語に分けて詳細に論じた事典である。フランス語圏（フランス・ベルギー・スイス・カナダ）の博物館学研究者９名が編纂・執筆した世界初の博物館学の基礎概念事典。博物館学国際委員会（ICOFOM）の主要メンバーによって選択された約450語の「博物館学用語辞典」を収録している。ヨーロッパ圏における博物館学研究の勃興，これまでの議論の内容を体系的に俯瞰

できる。博物館史研究上，重要な歴史資料も翻訳されている。C. F. ニケリウス『ムゼオグラフィア』(1727)，G. B. グッド『博物館管理の原則』(1895)，Z. Z. ストランスキー『博物館学：研究序論』(1995)，「博物館職業倫理規程」(2004)，「博物館の新しい定義に向けて」(2018) など，原書にはない貴重な参考資料を読むことができる。

❸『博物館研究』（公益財団法人日本博物館協会編・発行）

■https：//www.j-muse.or.jp/03books/ms.php

日本最大の博物館関係者のネットワークである公益財団法人日本博物館協会（通称「日博協_{にっぱくきょう}」）が毎月刊行している博物館に関する学術雑誌。

毎号，さまざまな特集テーマが立てられ，それに関連する論文が掲載されている。特集テーマを追いかけるだけでも，現在の博物館のおおよその動向を把握することができる。収載されている各論文はいずれも 4 頁程度の分量であり，表現も平易であるから，興味のある論文から目を通すとよいであろう。

また毎号，全国各地の博物館の展示会・イベント情報が網羅的に掲載されている。日本の博物館界における展示会・イベントの実施傾向を知るうえでも重要な記事である。

ある程度の規模の図書館であれば，配架されている場合が多いので，適宜，手にとってみることをお勧めする。年間購読制ではあるものの，バックナンバーの個別購入も可能である。購入方法は日博協のウェブサイトを参照されたい。

❹『Musee（ミュゼ）』（アム・プロモーション編集・発行）

■https：//www.musee-umpromotion.com/

最新の博物館情報を一般向けにわかりやすく紹介する博物館の専門誌。博物館を利用する側の立場に立った編集・記事であるところに特徴がある。たとえば，ミュージアムショップやオリジナルグッズの動向など，より「博物館に親しもう」「博物館を楽しもう」という読者に向けた内容となっている。

博物館に関する専門誌『Cultivate』（文化環境研究所）も『Musee』と同様にムック形式のビジュアル重視で，読みやすく，初学者にも理解しやすい。ただし残念ながら両誌ともに現在は休刊しているので，図書館などでバックナンバーにあたる必要がある。

2　「博物館とは何かを知る」ための基本文献

❺ 川那部浩哉編著『博物館を楽しむ―琵琶湖博物館ものがたり』〈岩波ジュニア新書〉（岩波書店，2000年）　　　　　　■https：//www.iwanami.co.jp/book/b271161.html

市民参画型の運営理念，数々の展示技術の工夫などで全国的に注目された滋賀県立琵琶湖博物館の関係者によってまとめられた本。

同館の開設準備段階から「どのような考え方の下に博物館建築・展示・資料収集・普及事業などのプランが形成されたのか」「それらの現状と課題は何か」を学芸員・研究員をはじめ，建築業者や展示業者，同館の非常勤スタッフに至るまで，それぞれの立場の人々が具体的事例に基づきながら論じている。

　改めて博物館は学芸員だけでなく，さまざまな立場の人々（ステークホルダー）との連携・協働のうえに成り立っていることを知ることができる。そして，本書を読み進めていくうちに，「そもそも博物館とは何か」「新しい運営理念とは何か」を読者に考えさせる内容となっている。「現代の博物館とは何かをまずは知りたい」という人にお勧めの1冊である。

　ほかに新書であれば，岩波ジュニア新書からは，木下史青『博物館へ行こう』（2007年），草薙奈津子『美術館へ行こう』（2013年）が出され，いずれも博物館を知るにあたっての好著である。また，国立民族学博物館の初代館長・梅棹忠夫（うめさおただお）による一連の対談書も推奨される。いずれも中央公論社から出されている中公新書で，『民博誕生』（1978年），『博物館の世界』（1980年），『博物館と美術館』（1981年），『博物館と情報』（1983年）である。刊行年は古いが，現在の視点からしても先駆的な考えが詰まっている。

❻ 水藤真『博物館を考える』Ⅰ～Ⅲ（山川出版，1998-2003年）

■ ［Ⅰ巻］https : //www.yamakawa.co.jp/product/60670；

［Ⅲ巻］https : //www.yamakawa.co.jp/product/59360

　このシリーズ本も「博物館とは何か」の基本を知るうえで初学者向けにわかりやすく書かれている。

　とくに博物館を学ぶ学生にとってのお勧めは同シリーズのⅡ巻「博物館実習とこれからの博物館」である。人文系の博物館で取り扱う古美術資料・歴史資料類を主とした取り扱い方法について，また，パネルの作成方法，資料の梱包，展示の仕方などを豊富な写真と解説文でわかりやすく紹介している。博物館実習の授業の予習・復習に恰好のテキストとなるであろう。なお，人文系の資料取り扱いに関する専門書として，日本博物館協会編『改訂版 博物館資料取扱いガイドブック—文化財，美術品等梱包・輸送の手引き』（ぎょうせい，2016年）があり，同書を活用することでより発展的に学ぶことができる。

　また，Ⅲ巻の終章「ふたりの博物館」は，老夫婦が自分たちのコレクションを公開する個人博物館を構想し，準備から開設するまでの過程を小説・物語仕立てで述べたもの。新たに博物館を開設するとき，展示会を開催するときにどのような点に留意すべきなのかを知ることができる。

❼ 中野信子・熊沢弘『脳から見るミュージアム—アートは人を耕す』〈講談社現代新書〉（講談社，2020年）　　■https : //bookclub.kodansha.co.jp/product?item=0000346123

　博物館は過去のさまざまな歴史を記憶し，それを未来に活かす場所という視点から，「博物館とは何か」をめぐって対談形式で論じた新書形式の本である。博物館の歴史は第1章「ミュージアムの誕生」でわかりやすく述べられている。個人収集のコレクションがやがて博物館のコレクションとなり，公共性を帯びるようになった歴史が手際よくまとめられている。

　本書で世界と日本の博物館の歴史を大づかみにしてから，専門性の高いものへと読み進めていけば理解しやすいであろう。ほかに新書で博物館の歴史を扱ったものとして，岩渕潤子『美術館の誕生』〈中公新書〉（中央公論新社，1995年）がある。欧米と日本の博物館（美術館）の相違点として，運営者と利用者の双方が，「デモクラシーの有難さを理解しているかいないかの差」に求めており，これは重要な指摘である。

　日本の博物館の始まりについては関秀夫『博物館の誕生—町田久成と東京帝室博物館』〈岩波新書〉（岩波書店，2005年）がある。日本最初の近代的総合博物館であり，なおかつ東京国立博物館の前進である東京帝室博物館の歴史について，その創設に尽力した町田久成の伝記とともに詳細に述べられている。

　これらをふまえ，博物館の歴史全般を知るには，たとえば安高啓明『歴史のなかのミュージアム—驚異の部屋から大学博物館まで』（昭和堂，2014年），図版が豊富な椎名仙卓『図解　博物館史』（雄山閣出版，2000年）などが手ごろであろう。

❽ 伊藤寿朗『ひらけ，博物館』〈岩波ブックレット〉（岩波書店，1991年）

■https : //www.iwanami.co.jp/book/b253728.html

　総頁数62頁という短い分量でありながら，著者である伊藤寿朗が提唱する「博物館の世代論」や「地域博物館論」が簡潔かつ平易にまとめられている。

　「博物館の世代論」は博物館運営の方向性を歴史から論じたもので，未来の博物館では「市民参加」が大きなキーワードであるとする。「地域博物館論」は市民の自己教育力を育み，地域課題をともに解決する博物館像について論じたものである。こうした「市民に開かれた博物館」を実現させるために必要な条件を本書では提起している。これらの博物館像は現在でもなお新しく，今後も参照されつづけるであろう。本書により著書の考えを概略的に把握したら，同氏による専門書『市民のなかの博物館』（吉川弘文館，1993年）を読み進めてほしい。

❾ 染川香澄『こどものための博物館―世界の実例を見る』〈岩波ブックレット〉（岩波書店，1994年）

■https://www.iwanami.co.jp/book/b253901.html

　見て，さわって，遊ぶことでより深い展示の理解へといざなうハンズオン展示を日本に紹介した著者による外国の「こども博物館」の事例集。

　近年の博物館では多かれ少なかれハンズオン展示が導入される傾向にあるが，改めてその意義について振り返る時期に差しかかっている。

　総頁数63頁の小冊子なので，読み通しやすく，内容的にもすぐれているが，残念ながら現状では購入困難である。図書館などで探してほしい。

❿ 塚原正彦＆デヴィッド・アンダーソン著／土井利彦訳『ミュージアム国富論―英国に学ぶ「知」の産業革命』（日本地域社会研究所，2000年）　　　■http://www.n-chiken.com/museum.html

「なぜ，博物館が社会に必要なのか」「博物館があることで地域社会にどのような変化・利点がもたらされるのか」という点を考えるうえで重要な1冊。

　未来の地域社会の成長のためには「知の発見」「知の成長」が不可欠であり，そのための中心的役割を担うのが地域社会のなかの博物館であることが論じられている。

5 経営論

1　歴史系博物館のマネージメント

　今日では，「マネージメント」という用語がさまざまな分野で広く用いられているため，何となくわかっているような気になってしまうが，その実態を説明するとなると，なかなか実態はつかみにくい。その理由は，職種や分野によってマネージメントの概念あるいはめざすところが異なるからである。

　「マネージメント」を国語辞書でひくと，「管理すること，経営すること」と出てくるが，そのまま「博物館マネージメント」に適用してみると，博物館を管理すること，博物館を経営することという意味になる。しかし，博物館を管理するとはどういうことをさすのか，博物館を経営するとはどういう内容なのか。そもそも経営とは何か。一般の営利企業の経営と，博物館の経営は違うのか，同じなのかなど疑問はつきない。経営とは「方針を定め，組織を整えて，目的を達成するよう持続的に事をおこなうこと」(『スーパー大辞林3.0』三省堂)であるが，それができるようにするためには，マネージメント要素と呼ばれている5つの経営資源を効率的に管理しなければならない。すなわち，①人(人的資源)，②もの(資料・コレクション)，③金(財源・運営予算)，④時間，⑤情報・知的資源である(図5.1)。

　「顔」の見える博物館経営が求められている現在，経営の「透明性」や公的資金(税金など)をどのように博物館活動に使用したか「説明責任」が問われている。

「経営」とはにゃんだ？
具体的には何をするのだ？

説明責任：博物館などの公的機関の経営には「透明性の確保：transparency」と「説明責任：accountability」が求められている。後者は会計用語では「会計責任」といわれる。「経営責任」は，資金の受託者が自らの資金管理責任履行を客観的手段で説明する責任をさす。

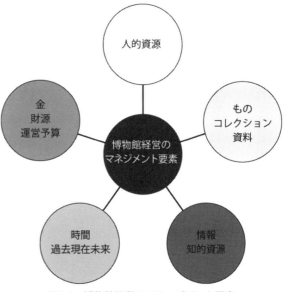

図5.1　博物館経営のマネージメント要素

以下，これらのマネージメント要素のうち，人的資源と資料管理（コレクション・マネージメント）について概観してみよう。

2　博物館の人的資源

　博物館には，多くの人が集まる。幼児から高齢者に至るまで，日本人のみならず外国人も，観光に，あるいは文化体験のために博物館を訪問する。博物館に来るのは健常者だけではなく，身体が不自由な人も来館する。

　いっぽう，博物館運営にたずさわる職員も当然のことながら博物館のなかで働いている。館長をはじめ，学芸員・研究員，解説員・

図5.2　博物館という「場」　博物館には外部から訪問客が訪れ，内部の職員によって運営されている。

案内係，警備員など博物館を裏側から支えている人も多い。生涯学習社会の到来によって，博物館という「場」を利用し，自分の経験をいかしながら博物館の展示解説や裏方の業務支援を行っているボランティアの存在も博物館経営には欠かせない。つまり，博物館という「場」は人々が交流し，情報を提供し，学び合い，働く場所である。

　このように組織を動かし，経営を推進する人々を「人的資源」と呼ぶが，博物館の経営にとって大切なのは人的資源と，そのマネージメントである。なぜならば，博物館の運営・経営には「人」の存在が欠かせないからである。

　博物館法第4条では，博物館に館長と専門職員として学芸員をおくことになっている。

　近年では，司書資格をもつ司書やデジタル・アーキビストの資格をもつ人が博物館の専門職員（スペシャリスト）として働く場合も多くなっている。それだけ MLA（Museum, Library, Archives）間の壁が低くなってきたのかもしれない。

　博物館の人的資源の重要性については19世紀末頃から指摘されていた。学芸員の存在と重要性を明確に指摘したのは，ロンドン自然史博物館の学芸員であり，のちに館長を務めたウィリアム・ヘンリー・フラワー卿（1831–1899）であった。

学芸員：博物館法第4条で，「博物館資料の収集，保管，展示及び調査研究その他これと関連する事業についての専門的事項をつかさどる」と規定されている。語義からいえば，博物館における「学」術と技「芸」の専門家である。

ウィリアム・ヘンリー・フラワー卿：著書で「博物館が成功するかしないかは，建築物でもなく展示ケースでもない。標本資料でもない。それは学芸員に依っている。学芸員とそのスタッフは博物館にとって生命であり魂である」と述べている（*Essays on Museums*

博物館の資料を収集し，保存・活用するのも，学芸員の能力に依存している部分が大きい。来館者が博物館を利用しやすいように，また博物館で働く職員が仕事をしやすいように，管理することは人的マネージメントの第一歩である。

and other subjects connected with Natural History Museum, 1898, p. 61.)。

3 資料管理とコレクション・マネージメント

博物館経営のうち，資料管理は博物館にとって核となる業務である。この節では，資料管理について概略を述べおきたい。

博物館資料は，便宜的に，一次資料，二次資料と分類されることがある。「一次資料」とは実物・オリジナル資料・原作品をさすのに対して，「二次資料」とは一次資料に関する記録であり，複製，写真，図面，模写，模型などをさす。

必ずしも厳密に分類することはできないが，一次資料としての実物資料は，人文系資料と自然系資料に大別される。人文系資料は，歴史・考古・民俗・工芸・美術作品などすべての資料を含み（人工物：artefact という呼称もある），自然系資料は，動物・植物・岩石・鉱物・化石などの自然界に産出する資料をさす（これらを標本：specimen という）。

博物館にとって一番神経を使うのは，資料の真贋である。本物か偽物か，と単純に割り切れれば問題はないが，たとえ本物であっても歴史資料のような場合は，時代をまたがって何度も修復が施

資料管理：資料の「収集」から状態チェック，「目録」作成，「展示」「保存」に至るまでの一連の作業を「コレクション・マネージメント」と呼ぶこともある。

資料分類：一次・二次という資料分類はあくまで相対的なものであることに注意したい。たとえば，民俗博物館で取り扱う実物の「民具」や「民芸品」は一次資料であるが，その記録としての「写真」や図面類は二次資料である。これに対し，写真美術館のように，写真をオリジナル作品とみなす場合，「写真」は一次資料となる。

人工物：artefact の例 民族学資料（カナダ・ブリティッシュコロンビア大学博物館）

標本：specimen の例 骨格標本（英国オックスフォード大学自然史博物館）

されている場合もあり，修復材料によってはオリジナル性を著しく損なうような場合もある。そこで登場するのがオーセンティシティ（真正性）という概念である。1994年に奈良で開催されたオーセンティシティに関する国際会議では，このオーセンティシティの概念を，①形態と意匠，②材料と材質，③用途と機能，④伝統と技術，⑤立地と環境，⑥精神と感性，⑦その他の内的外的要素を含む7つの概念群とした（図5.3）。

基本的には，この概念は記念物や建造物など不動産資料を対象としているが，博物館資料のような動産資料であってもこのオーセンティシティ（真正性）という概念は真贋を判断する際にきわめて重要な要素である。

文化財の価値はその歴史的・文化的文脈によって一様ではない。しかし，その資料の文化的価値が，可能なかぎりの情報源を利用して，文化財の芸術的側面，歴史的側面，社会的側面，科学的側面について詳細に検討した結果，確からしさが高い場合は真正性が高いと判断される。すなわち，真贋の度合いを判定する1つの基準となる。ここでいう「情報源」とは，文化財の本質，特異性，意味および歴史を知ることを可能にする物理的存在，文書，口述，表象的存在のすべてと定義される。

博物館資料を展示する場合や教育的活用を図る場合には，多くのレプリカ（複製品）が使用されることもあるが，これは，①オリジナル資料の脆弱性のためにオリジナル資料は保存し，展示には複製品を使う場合，②二次資料としての教育的価値を考慮し，レプリカを活用する場合がある。

資料管理の際，あるいは教育活動に使用する際に，オリジナル資料，一次・二次資料，レプリカなど見極めながら活用しなければならない。

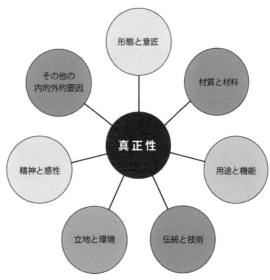

図5.3　オーセンティシティ（真正性）の概念

「オーセンティシティに関する奈良ドキュメント（1994）」: http://www.japan-icomos.org/charters/nara.pdf

資料の活用：こうした見極める力も学芸員の力量ともいえる。

4 博物館資料化のプロセス

博物館は，常設展示や収蔵資料・コレクションによって特徴づけられるが，資料が博物館に受け入れられ，展示や教育活動に活用

図5.4 博物館資料化のプロセス

されるまでには多くのプロセスを経る（図5.4）。コレクション・マネージメントの理解にとっても，このプロセスを理解しておくことは重要である。

社会的・歴史的文脈（コンテクスト）から切り離された資料は，もともとあった環境から分離され，博物館に受け入れられることになるのが通常である。現地で保存しない場合，資料が「転送」されるともいうことができるが，この資料の転送ないしは輸送・運搬・移動には，不可避的に情報の損失が生じることが多い。

もとの場所から切り離され（分離），本来資料のもっている機能が「停止」し，価値がほかの何かに置き換わる「置換」（または転換）というプロセスは，合法・違法を問わず，博物館への移設や考古学遺跡の発掘の例をみれば，遺物の文脈（コンテクスト）が完全に失われてしまうことは明白である。そのため，博物館の資料化にとっては，記録（ドキュメンテーション）作業が不可欠である。

博物館の業務には，博物館の資料化はしばしば「資料の組織化」または「博物館化：musealisation」という用語が充てられることがあるが，外部からのモノが博物館資料として位置づけられるためには，正式な手続きが必要である。資料の組織化のプロセスには，①保存（選別評価，取得，コレクション管理，保管），②調査・研究，③目録作成という3つの過程を経なければならない。

置換：たとえば，仏像が寺院から博物館に移された場合を考えてみよう。寺院での仏像は崇める対象であり，礼拝価値をもつが，博物館での仏像は祈りの対象ではなく鑑賞の対象すなわち「展示価値」へと価値が変換されている。

5 博物館をとりまく法体系

ここまで「人的資源」ともの資源である資料・コレクションについてみてきた。つぎに，博物館をとりまく法体系について概略を述べる（図5.5参照）。

博物館には「博物館法」という博物館について規定している法

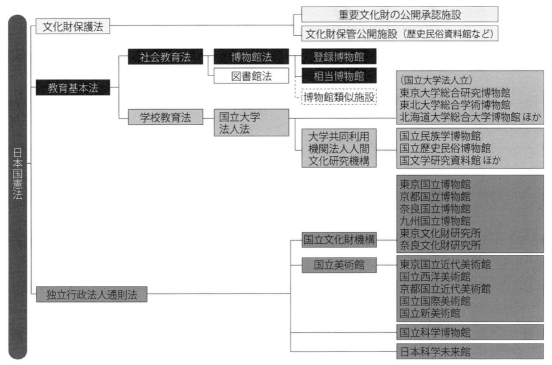

図5.5　博物館をとりまく法体系

律がある（巻末資料）。法律の最上位に位置するのは憲法である。この日本国憲法（1946）の下，「文化財保護法」（1950）と「教育基本法」（1947，2006改正）があり，博物館や文化財の法律はこれらを源流としている。教育基本法に基づいて社会教育法（1949）が制定されているが，博物館法はこの社会教育法の精神に基づき「博物館の設置及び運営に関して必要な事項を定め，その健全な発達を図り，もって国民の教育，学術及び文化の発展に寄与することを目的とする（第1条）」のが博物館法（1951）である。

　博物館法は，博物館の設置と運営に関する法律である。都道府県教育委員会による設置審査，公立博物館につき条例による設置，無料入館の原則，博物館協議会の設置，国の保持を，私立博物館につき国・地方公共団体・都道府県教育委員会との関係などを規定している。

　博物館法第2条（定義）で，博物館は「歴史，芸術，民俗，産業，自然科学等に関する資料を収集し，保管し，展示して教育的

教育基本法第12条：「博物館その他の社会教育施設等による社会教育の振興」を規定している。

社会教育法第9条：「博物館は，社会教育のための機関」と定義している。

配慮の下に一般公衆の利用に供」するが，同じく第2条第4項で次のように「博物館資料」を定義している。すなわち，この法律において「博物館資料」とは，「博物館が収集し，保管し，又は展示する資料（電磁的記録（電子的方式，磁気的方式その他人の知覚によっては認識することができない方式で作られた記録をいう）を含む）」をいう。別の言い方をすれば，個人的に趣味で集めているような場合，それは収集品（コレクション）であっても，いわゆる博物館の資料ではない。しかし，その個人コレクターが博物館に寄贈なり遺贈した場合は，所有権が移転し，物理的にも博物館の管轄下におかれるわけであるから，「博物館資料」となる。

また博物館法第3条（博物館の事業）では，博物館の目的を達成するために「実物，標本，模写，模型，文献，図表，写真，フィルム，レコード等の博物館資料を豊富に収集し，保管し，及び展示すること」として，博物館事業を定義している。ここにあげられた実物，標本，模写，模型などといっても，具体的なモノに言及しているわけではなく，博物館の性格や収集方針に応じて具体的な資料が保存・活用されることになる。

第4～7条にかけては，館長，学芸員などについて定義し，第8条では，「文部科学大臣が定める博物館の設置及び運営上望ましい基準」について，第11条では「登録博物館」について，第23条では公立博物館，第29条では私立博物館について規定している。

法体系も知っておく
必要があるのか。

博物館に関する法令：博物館法は博物館の設置・運営の法的根拠である。巻末資料の博物館法を参照すること。この法律のほかに，博物館の倫理と博物館に関係する人たちの行動規範・職業倫理規程が定められている。

6 博物館法に基づいた制度的分類

博物館法では博物館の制度的分類を「登録博物館」「指定施設（博物館相当施設）」に分類している（博物館法11条，31条）。このほかに「博物館類似施設」と呼ばれる施設もあるが，これは博物館法による法的根拠はなく，「博物館と同種の事業を行う施設」の通称である。類似施設を含めて制度的分類を示したのが表5.1である。日本に存在する博物館のうち，数の観点からみれば，類似施設が一番多く，次に相当施設であり，登録博物館は少ない。登録博物館制度は形骸化が進んでいると指摘されているが，登録博物館のメリットもある。

登録博物館のメリット：たとえば，不動産取得税・固定資産税・都市計画税などが優遇されるほかにも，関税定率法では「標本等として用いる物品を輸入し又は寄贈された場合の関税免除」され，「種の保存法」では「気象野生動植物の個体の譲渡し等が可能」である。

表5.1　博物館法による博物館の制度的分類

種　別	登録博物館	指定施設（博物館相当施設）	博物館類似施設
内　容	博物館法の定義で定めた事業を行う目的の機関	博物館の事業に類する事業を行う施設	博物館と同種の事業を行う施設
法的根拠	博物館法第11条	博物館法第31条	なし
登録要件 （設置主体）	教育委員会（地方公共団体，一般・社団・公益法人・宗教法人など）	制限なし	制限なし
設置要件	館長・学芸員の必置 年間150日以上の開館など	学芸員に相当する職員の必置 年間100日以上の開館など	制限なし（社会教育調査上は博物館相当施設と同程度の規模を持つ施設を対象）
登録または 指定主体	都道府県教育委員会（第12条）	都道府県教育委員会が指定（ただし博物館の設置主体が国・独立行政法人・国立大学法人の場合は文部科学大臣）	制限なし
優遇措置等	資料を登録博物館に寄付すると寄付者が税制上の優遇措置を受け取ることができるため寄付されやすい。不動産取得税・固定資産税・都市計画税などが優遇されることがある。公立の登録博物館は補助金を受けることができる。	助成制度を受ける条件として，博物館相当施設であることとされる場合がある。	なし

出所：平成20年度文部科学省社会教育調査をもとに一部改変

■小説のなかの博物館

原田マハ（2016）『デトロイト美術館の奇跡』〈新潮文庫〉新潮社

―市の財政破綻で美術館のコレクションは売却されるのか。それを救ったのは市民たちだった―

　アート作品をもとにした小説が多い著者だが，本書は，アメリカのデトロイト市の公立美術館，デトロイト美術館が舞台になっている。市の財政破綻のため，大きな資産である美術館のコレクション，すなわちピカソや，マティス，ゴッホ，モネ，セザンヌといった名品ぞろいを売却するという提案がなされる。そういうなか，同美術館を市民として愛するさまざまな立場の人々が，寄付によってコレクションを守っていく。美術館や1枚の絵が，人々にどのような励ましや癒しを与えてきたのかなど，登場人物たちによって語られていく。実話に基づいた物語である。

〔山下治子〕

6 調査研究論

1　博物館ならではの調査研究の特質とは

　世の中には博物館と似たような活動をしている施設・団体が数多く存在する。たとえば展示という側面だけをみれば，宝石店には高額かつ美的価値の高い宝石が数多くガラスケース内に陳列され，博物館と何ら変わるところはない。

　では，「宝石店は博物館か」と問われれば，その答えは「否」である。「博物館法」第2条には博物館の定義が定められ，博物館とは資料を収集・保管し，それを「教育的配慮の下に一般公衆の利用に供し」とあり，言葉を換えれば「展示」を行う所と定められている。

　ここで注意を促したいのは，単に資料を展示するだけではなく「教育的配慮」が必要と規定されていることである。たとえば，博物館で宝石を展示する場合，原産地，制作時期，加工技術の特徴などを多面的に調査研究し，その成果をパネルなどで来館者に提示する必要がある。それに対し，宝石店では，陳列されている宝石について商品名と値段が記された商札が付されているにとどまっているのが普通である。この点において，博物館と宝石店は異なっているのである。

　「博物館法」第2条では，先に引用した箇所に続いて「これらの資料に関する調査研究をすることを目的とする機関」とあり，資料の調査研究は博物館の主要活動の1つであることが明確化されているのである。

　図6.1は，博物館では調査研究を中心に，資料の収集・保管，展示，普及事業が相互に密接に連関しあっていることを表している。たとえば，収集した資料を最良の状態で保管するには，資料の素材そのものの特徴を科学的に分析し，それに応じた対策を立

なぜ博物館に研究が必要なのだ？

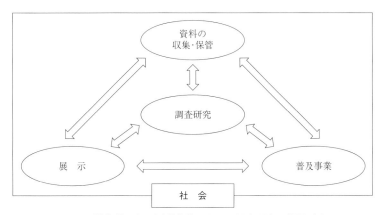

図6.1　博物館の主要活動全体における調査研究の位置づけ

出所：『山梨県立博物館（仮称）基本計画』山梨県，2001年をもとに一部改変

てる必要がある。講座・講演会のような普及事業を実施するにあたっても，宝石の例であげたような学術情報を学芸員が知っていなければ，来場者にその資料の魅力を伝えることはできない。したがって，博物館のすべての主要活動の基礎に調査研究が位置づけられ，相互作用を及ぼしあうことで，博物館の事業活動は発展するといえよう。

　図6.1ではさらに，これら博物館の主要活動がすべて社会に向かって開かれていることを示している。たとえば，歴史系の博物館であれば，古文書などの歴史資料の所在は一般市民から情報がもたらされることが多く，市民との連携を深めることでコレクション収集活動が充実化する。展示にあっても，市民が望む・知りたいと思う事柄を展示することで，市民の知的好奇心を喚起する充実した展示が実現される。調査研究にあっても，後述するとおり，市民と協働して行うことで，膨大な学術データを入手し，新知見を得ることが可能となる。

　このように博物館の特質とは，調査研究などの主要活動が社会に開かれており，相互に影響しあうことで博物館・市民がともに成長しあう関係にあるといえよう。

調査研究は博物館の要_{かなめ}ということか。

2　博物館ならではの調査研究体制とは

　博物館にあって，調査研究を中心的に担うのは学芸員である。

しかし，かれらの個人的関心に任せて調査研究が行われるというわけでは決してない。博物館ではまず，調査研究の方針というものを立て，それに基づきながら実施するという点を押さえる必要がある。

　調査研究の方針の具体例として，山梨県立博物館の場合をあげておこう。同館では，「基本テーマである『山梨の自然と人』に関する調査・究に継続的に取り組み，その成果を展示，教育・交流活動をとおして県民に還元し，知的財産の蓄積と生涯学習の展開に寄与する」ことを方針としている。そのことをふまえ，調査研究の内容については「山梨の歴史，文化，産業等に関わる課題」と「資料の収集，保存，展示，教育・交流活動等の博物館活動に関わる課題」の2点を掲げている。

　どの博物館でもこのような基本方針に基づきながら，調査研究のための体制づくりが行われている。それはおおむね次の表6.1のようにまとめられる。

表6.1　調査研究のための体制づくり

A	個別調査研究	博物館の学芸員・研究員が単独で行う個別分野の調査研究
B	共同調査研究	博物館の学芸員・研究員と館外の研究者が共同でチームを組み，学際的視点から行う調査研究
C	市民参画型調査研究	一般市民と博物館学芸員・研究員が共同しながら行う調査研究

出所：『山梨県立博物館（仮称）基本計画』山梨県，2001年

　Aの個別調査研究は，博物館の学芸員・研究員が個別に各専門分野に関して行う調査研究のことで，1人，もしくは2〜3人程度で実施される。

　Bの共同調査研究は，博物館の学芸員・研究員に加えて館外の研究者とチームを組んで行う調査研究である。「館外の研究者」とは，たとえば大学の専門研究者やほかの博物館や試験研究機関の学芸員・研究員などが想定される。ある共通のテーマをめぐって多分野の専門研究者が協働しながら調査研究に取り組むことで，学際的研究成果をあげることができる点に大きな特徴がある。おおむね5〜10人程度で実施されるが，大規模な共同調査研究の場合は10人以上の大編成で行われることもある。

　調査研究期間は1つのテーマにつき，Aの場合は1〜3年程度，

一人でじっくりもよいが，異なる視点をもった仲間がいると頼もしいものだ。

Bの場合は3～5年程度を要するのが普通である。仮にその研究がその段階では終了しなくとも，区切りの年ごとに途中経過を一般に向けて公開するよう努めなければならない。

費用面については，Aの場合は博物館の経常経費の範囲内で実施されるが，Bの場合はAよりも高額な費用が見込まれる。たとえば，チーム全員である場所に調査するだけでも数十万円単位で出張旅費がかかるので，資金の手当てを工夫する必要が生じる。したがって博物館の経常経費に加え，調査研究活動を金銭面で補助する団体から資金援助を得る（外部資金の獲得）工夫が求められる。

Cの市民参画型の調査研究は，まさしく博物館ならではの調査研究体制である。たとえば，平塚市博物館（神奈川県）では，「みんなで調べよう」という市民参画型の調査研究事業を立ち上げ，市民とともに平塚市内における在来種と帰化種のタンポポ分布の調査を実施した。調査参加者を市民から募集し，応募した市民がもたらしたタンポポの学術情報を博物館で収集する。そのことで，平塚市全域における在来種と帰化種のタンポポ分布の傾向を明らかにしえたのである。

もし，上記Aのようなかたちで博物館の学芸員・研究員が単独で調査したのであれば，市内全域をくまなく調査することは時間的にも物理的にも困難であろう。しかし，数多くの市民の調査協力者を組織することでそれが可能となる。調査に参加した市民にとっても知的好奇心が喚起され，その教育効果は高い。まさに社会に開かれた施設である博物館ならではの研究体制であり，今後もこのCの体制の実践事例は蓄積されつづけるであろう。

ただ，BやCの体制を築くためには，学芸員がリーダーの役割を果たす必要があり，そのためには多種多様な人々の力を結集させるためのマネジメント能力・コーディネート能力が問われる。

みんなで調べよう：浜口哲一『放課後博物館へようこそ 地域と市民を結ぶ博物館』地人書館，2001年，148-160頁。

3　博物館ならではの調査研究成果の発表方法とは

調査研究の成果は，社会に対して積極的に情報発信する必要が

ある。博物館では大学や試験研究機関のように専門家にとどまらず，子どもから大人まで幅広い人々を対象としている。そのため，図6.2のとおりさまざまな利用者層を想定して，それぞれにあったかたちで調査研究の成果を情報発信することが求められる。

　博物館は資料について専門的に調査研究する機関である。各学術分野の専門家を対象に，その成果は学術専門誌・調査報告書などに論文といったかたちで発表することや，専門学会・研究会の場において学術的な口頭発表を行うなどのかたちで情報発信を行う。このことで，専門学会の間でその成果の可否が判断され，調査研究機関としてその博物館の社会的評価が得られるのである。

　いっぽうで，博物館は教育機関でもあり，子どもたちやその分野の初学者に対してもわかりやすく調査研究した成果を伝えるという使命を帯びている。そのためには，一般向けの講座・講演会という場を通して発表することや，子ども向けのワークシートや教材を開発するなどの工夫が各博物館で行われている。

　一般の人々の多くは，展示を観覧するために博物館を訪れる。展示にも調査研究成果が反映される（第4章3節を参照）。

　展示会はいったんその期間が終了すると，同じ展示会が開催されることはない。そこで，展示品や展示ストーリーを記録するために，展示図録（カタログ）が制作・頒布（販売）される。この

発表して「伝える」ことが次への一歩である。

博物館の性格	専門的調査研究機関としての博物館	展示施設としての博物館	教育施設としての博物館
発表手段・媒体	○学術専門誌，博物館の紀要（学術成果の発表誌），調査報告書等で論文等の公表 ○専門学界で口頭発表など	○展示という手段で発表 ○展示図録において学術情報を発表	○講座・講演会で口頭発表 ○子ども向けの教材をとおして発表（ワークシート・オリジナルキット等）
想定される対象	専門性…高 大学・研究機関職員等の専門家	専門性…中間 一般的な成人利用者	専門性…低 子どもをはじめ，その分野の初学者

図6.2　博物館によるさまざまな情報発信

展示図録には展示品1点ごとの学術情報や展示に関係する専門家の解説文・論文が掲載され，これにも調査研究成果が反映されている。

　便宜上，図6.2では展示施設としての博物館を「専門性…中間」としたが，実際は専門的内容の展示会が開催されることも，子ども向けの教育的性格の強い展示会もある。展示の組み立て方や展示図録の編集の仕方もその性格によって異なる。

《課題》・・・・・

　博物館の資料目録や特別展（企画展）の図録を入手して、どのように資料が記述されているか分析してみましょう。

　資料の形状、大きさ、色、文様、特徴、解説文章の難易度、分量、資料の写真キャプション、表現方法などを見ながら、自分でも図録を手本として、実際にあなたも身の回りにあるモノや自分の大切にしているお宝を記述してみましょう。100字でまとめたり、200字程度、原稿用紙（400字）一枚にキッカリおさまるように書く訓練をしてみてください。

7 資料保存論

1 保存の意義

　日本博物館協会がまとめた「博物館の望ましい姿」(2003) によれば，21世紀の博物館像を次のように規定している。「博物館はコレクション機能が重要である」として，「社会から託された資料を探求し，次世代に伝えること」が博物館の目的としている。ここでいうコレクション機能とは，歴史資料や民俗資料，自然科学的な標本類，美術・工芸品を収集し，展示や教育に活用し，保存することである。

　このコレクション機能に加えて，博物館には「コミュニケーション機能」（展示・教育）がある。資料を介して，人と人，人とモノをつなぎ，博物館教育活動や展覧会を開催するなど，知的な刺激や楽しみを人々と分かちあい，「新しい価値を創造する博物館」を21世紀の博物館の理想像としている。

　博物館の社会的な使命を明確に示し，人々に開かれた運営を行う博物館が今日ほど求められている時代はない。

　しかし，博物館は継続的に資料を収集する結果，年月が経てば当然のことながら資料を保管するスペースや収蔵スペースが不足し，資料の整理・整頓がむずかしくなってくる。その結果，資料を保存したいと願っても，受入れ場所がないという本末転倒のことになってしまう。

　博物館にとって望ましいことではないが，新設される博物館の「展示」スペースが十分確保されるにもかかわらず，いっぽうで「収蔵」スペースを割くことを考慮しない建築設計者も多い。これは建築家の無理解，または「博物館」イコール「展示空間」という認識によってこの種の悲劇が生じるのであろうが，公立博物館の

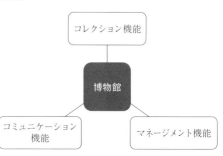

図7.1　博物館の3機能
　博物館には，コレクション機能，コミュニケーション機能のほかに，博物館を経営・運営する「マネージメント機能」の3機能がある。

収蔵スペースの不足：資料を博物館に寄贈したいと申し出るコレクターに対して，残念ながら断る場合もある。なかには，開館1年目にして収蔵庫が満杯状態になってしまったという博物館も珍しくない。

場合は，収蔵スペースの重要性を認識しない設置者側の無理解にもよるところも大きい。

　わが国の博物館だけでなく，世界の博物館のほとんどが収蔵スペースの不足に頭を悩ましている。地方財政の弱体化，税収不足，文化予算の削減などによって，収蔵庫を新設する予算も認められないため，博物館資料の保存継承という課題は棚上げ状態になっているのが現状である。

　全国的な博物館の「病」ともいえるこの劣悪な収蔵環境については，博物館関係者が協働して全国レベルの対応策や収蔵環境整備のための長期ビジョンを打ち出すなど，抜本的な見直しが求められている。

2　保存哲学

　私たちの生活圏内には，学校，病院，図書館，公民館，公文書館（アーカイブズ）などさまざまな社会教育機関や研究機関が存在しているが，歴史資料や自然史標本，本芸術作品を保存・保管するのは博物館の役割である。歴史資料の保存装置として社会に存在するのであるが，時代とともに資料（数）は増大傾向にあり，当然のことながら物理的スペースは少なくなっていく。

　こうした収蔵スペースの問題のほかにも，「保存」に対する考え方（広い意味で保存哲学）も，博物館運営に影響が出てくる。博物館にとって資料の収集・保存管理は基本機能の1つであり，また同時に博物館活動の本質そのものであるが，実際には，たいへんむずかしい仕事である。たとえ保存方針・収集方針を定めても，予算的にもスペース的にも無理がある場合，資料取得や保存管理を諦めざるを得ない。また保存すべき資料が存在しても，その資料に関する記録や情報がなければ，活用が不可能である。そのため，資料の取得・保存を諦めざるを得ない場合もでてくる。

　また近年では，民族文化財をはじめ略奪文化財の返還要求運動が世界各国で展開され，倫理的な観点から収集・保存すること自体が問題視されている。以下，保存哲学の前提となる博物館の職

なぜ博物館が資料を保存するのか，また保存しなければならないのか，常日頃から考えておくべし。

POINT

表7.1 文化財返還に関する ICOM 職業倫理規程

収蔵品の起源 （6.1条）	博物館は，原産地である国もしくは地域社会の博物館および文化機関と知識，文書および収蔵品の共有を促進するべきである。遺産の重要な部分を失った国もしくは地域の博物館とのパートナーシップを築く可能性が探られるべきである。
文化財の返還 （6.2条）	博物館は，文化財をその原産国またはその国民に返還するための話し合いを開始する態勢を整えているべきである。このことは，科学的，専門的また人道的な原則と，適用される地方・国の法，および国際法に基づき，政府もしくは政治レベルの行動に優先して，公平に行われるべきである。
文化財の復帰 （6.3条）	原産国もしくはその国民が，国際および国の協定の原則に違反して輸出あるいは譲渡され，かつ，それが当該国または国民の文化または自然遺産の一部であることを示すことができるような資料または標本の復帰を求めるときは，関係博物館は，法的にそうすることが自由にできるならば，その返還に協力するため速やかつ責任ある手段を講じるべきである。
占領された国からの文化財 （6.4条）	博物館は，占領された地域からの文化財を購入もしくは取得することを差し控えるべきであり，文化および自然資料の輸入，輸出および譲渡を規定するあらゆる法律と協定を完全に守るべきである。

業倫理規程を表7.1に示した。

　さて，博物館が資料を受け入れるにしても，動産資料であるがゆえに資料が動き，物理的に動くがゆえに所有権の移転問題も生じてくる。また資料収集にあたっては，国際条約などのルールから逸脱することは許されない。博物館の収集方針は収集の範囲によって，①特定の時代（または通史），②特定の収集対象地域，③特定の主題（テーマ性）に3分類される。実際には，これらの方針を組み合わせながら資料を収集し，蓄積されたものがコレクションとして形成されていく。したがって，コレクションという概念には体系的な構築性が含意されている。

　とはいうものの，適切な保存環境の下で管理されなければ，資料は経年変化していく。そのため，保存環境の整備と維持管理は慎重になるべきであろう。忘れてならない点は，資料の収集・保存は博物館の使命に基づいていなければならないことである。場当たり的な資料収集は，結果的に博物館の使命から外れ，何のために博物館が存在するのか，その存在意義さえも失いかねない。そうならないためにも，まず博物館の使命（設置目的や基本理念）を明確にして，使命書として明文化する必要がある。収集方針と保存管理方針は何よりも使命を具現化するものでなければならない。

ICOM 職業倫理規程：学芸員をめざそうとする人ならば，一度は全文に目を通しておきたい（巻末資料）。

国際条約のルール：たとえばワシントン条約によって，象牙製品や皮革製品，生きた動物などは輸出入が禁止されている。

博物館の使命：アメリカの博物館では「mission statement」として入り口に掲示していることが多いが，日本の博物館では博物館の使命が明確になっていない館もある。これからの博物館は社会に対して，「どのような存在意義があるのか」，「博物館の使命は何か」を明確に公表していく必要がある。

3 歴史資料・歴史遺産の現地保存の課題

　これまでの資料の収集は，現地から発掘・採集あるいは購入，寄託,寄贈などの資料取得活動によって資料が博物館に移動され，保存管理・収蔵・展示公開が進められてきた。近年は，現地で保存しようという考え方に変化してきており，現地のものは現地で保存する（現地保存主義）ようになっている。

　この現地保存政策の現実化は世界的な傾向でもある。たとえば，英国リバプール市では，19世紀の倉庫群アルバートドック（The Albert Dock）を対象に再開発し，マージーサイド海事博物館，リバプール生活博物館，テート・リバプール美術館，国立関税博物館（The HM Customs & Excise National Museum）など多くの博物館を開館させている。台湾では，税関の事務所を改装して運河博物館(台南市)に，オーストラリア・旧メルボルン税関 Old Custom は移民博物館 Immigration Museum に改装して博物館として運営している。

現地で「保存」しつつ，うまく「活用」されているとは，あっぱれである。

　日本では，新潟市役所（二代目市庁舎）周辺の歴史的建造物（旧新潟税関庁舎など）を新潟市歴史博物館みなとぴあとして開館しているが，このような博物館化の事例は国内にも数多くある。今日のように，新しい博物館が建設することがむずかしい状況下では，歴史建造物を博物館に転用する傾向にある（これを博物館化という）。

歴史建造物を博物館として活用した例
（新潟市歴史博物館本館）
出所：新潟市歴史博物館ウェブサイト

　博物館化の意味は，①本来の建物（歴史的建造物）の用途を「博物館」に転換する場合と，②保存価値の高い資料を博物館に移動する2つの意味がある。①は現地保存であり，②は従来型の博物館資料の移動である。後者②は，社会のなかから特定の資料を保存対象として認定し，価値評価を行い，その価値と物理的状況の悪化を防ぐ目的のために博物館という箱のなかで保存活用する広義な意味での「資料の組織化」の意味を含んでいる。

資料の組織化：資料・コレクションを体系的に管理し，活用するための方法論・技術・目録化・運営を意味する。

従来の博物館学では，取り扱う範囲が可動文化財（動産資料）に限定されている傾向が強かったが，近年の世界的動向は，文化財概念が拡大する傾向にあり，景観保存を含める場合もある。博物館化の概念は建造物だけでなく，伝統的建造物群保存地区にも適用され，現地保存の重要性が指摘されている。しかし，近年の異常気象（巨大台風，大雨）や天変地異・人災（放火・盗難など）によって，脆弱な有形文化財や建造物が損失・損傷の危険性は高く，安全面・セキュリティ面での対応策が必要である。

伝統的建造物群保存地区：たとえば，町まるごと博物館・町ぐるみ博物館，エコミュージアムなどは全国に展開されるようになった。

4　新しい形態の記録保存＝デジタル保存

　歴史資料の保存に対する課題は，記録保存の問題としても指摘できる。博物館は実物資料の存在がこれまでの常識であったが，情報通信技術（ICT）革命以降は「バーチャルミュージアム」や「デジタルミュージアム」といったコンピュータ画面上ないしはインターネット上で展開される博物館も登場している。

　博物館の展示スペースが限られていたために公開できなかった資料や資料自体の脆弱性の問題，あるいは保存上の問題から展示できなかった資料などをデジタル化し，インターネット上で公開できるようになったことは，博物館の活動の幅を飛躍的に拡大させたと評価できる。しかし，こうしたデジタル資料が必ずしも正確な記録保存の対象になっているかというと，残念ながらそうではない。

　物理的に博物館に足を運ばなくても博物館の内部を実際に歩いたかのように感じられるバーチャル・ビジット（virtual visit）は博物館革命の1つであり，逆の側面からみれば，それだけ見せ方の工夫が問われる時代になった。最近では，多くの博物館が所蔵品と過去に撮影された写真をデジタル化して保存していくことに積極的になっているが，デジタル情報の保存対策には「記録保存」の観点から万全を尽くしておきたい。とくに，デジタル情報を安全に管理していくには，さまざまなリスクを回避していくことを根底におき，対策を講じていくことが必要である。

　デジタル化された情報であったとしても，危機に直面し永続的に

デジタルならではの利点もあれば弱点もある。うまく付き合っていかねばなるまい。

保存されるとは限らない。その理由としは，次の2つの理由による。

1つは，「データの崩壊」である。コンピュータ・ウィルスや第三者による破壊，通信トラブルによるデータの損失，メディアの劣化によるデータの破壊，機器の操作ミス，コンピュータシステムや周辺機器のバグによる破壊などがその例である。もう1つは，情報環境の変化によってもたらされる「不整合」である。プラットホーム，OSの変化による不整合，機器の仕様変更，再生装置の製造停止，非サポート化による不整合，アプリケーションソフトのバージョンアップなどによる仕様変更，メーカー別による規格の不整合などがあげられる。

では，こうした障害に対してどのような対策が必要であろうか。リスク対策の一例を表7.2に示した。このほかにもさまざまなリ

表7.2　デジタル情報のリスク対策

対　策	具体的なリスクの例
セキュリティ対策	・サイバーテロ（ハッカー，ウィルス，不正アクセス，スパイ行為など）による情報・データの消失 ・売買，外部流失，改ざんなど ・個人情報の流出（博物館友の会会員等の個人情報） ・博物館資料目録等の情報セキュリティの不備
読み取り障害対策	・媒体事態の経年変化，記憶層の化学変化による腐食など ・紫外線劣化，磁気障害，保管環境の不備 ・取り扱い不備，操作不備に伴う読み取り障害
プラットホームやOS，ソフト環境の変化への対策	・パソコンの媒体機器の性能・規格の変遷，ハードメーカーの仕様変更 ・製造終了，非サポート，データ保存時と同等のシステム環境を維持させること
ハード障害への対策	・装置，周辺機器の故障，停電など
ソフト障害への対策	・アプリケーションのバグ，導入試験の対策
通信障害への対策	・ネットワーク障害，通信インフラの事故，キャパシティオーバーなど
分散管理対策	・環境（電磁場，電気製品の磁気，ゼロメートル地帯等の立地条件，時間帯） ・人災（火災，事故，操作ミスなど） ・自然災害（地震，水害，台風，落雷など）
博物館内外のコンプライアンス（法令遵守）対策	・情報公開法などに対応した文書管理規定およびその更新 ・メディア変換費用の対策 ・国内の法整備不備と諸外国法との整合性
責任問題と被害後の対策	・情報システムの設計不備，メンテナンス会社の不備等 ・通信インフラ会社，プロバイダー，ハードメーカー，ソフトハウスなどの責任問題と保証範囲，博物館側の責任の所在 ・著作権の処理問題，訴訟，損害賠償 ・復旧の対応策，事故時の対応 ・復旧・メンテナンス等の業務記録，証明記録など ・説明責任

スクが発生してくるので，常日頃からアップデートを怠らずに対処したいものである。

5　保存の環境管理と劣化要因

　展示と保存はコインの表と裏の関係といえる。歴史資料を展示すれば，展示環境のなかで温度・湿度の変化の影響を受け，光(外光や展示照明）の影響も受けることになる。実際は，展示しながら保存することの両立はむずかしいことであり，状況に応じてケース・バイ・ケースで対応せざるを得ない。しかし，原則論でいえば，どちらか一方が重要であるとは思わずに，展示も保存も重要であると胆に銘じて対処したい。

　では，資料が劣化する要因についてもう少し詳しくみてみよう。博物館資料の劣化の要因は表7.3のように大別することができる。この表からもわかるように，資料のおかれる環境は，どのような場合でもリスクをはらんでおり，多くの劣化要因のなかに資料は存在しているといえる。

（1）温度

　保存環境で一番影響をうけるのが，温度，湿度，光である。温度は相対湿度と密接な関係がある。温度が上昇すると，水蒸気を

温度，湿度，光：たとえば，強い太陽光，スポットライト，暖房器のように，放射熱源の近くにおかれた資料も損害を受けることになる。博物館のコレクションを高温の環境下におく必要はない。

表7.3　博物館資料の劣化要因と例

劣化要因	例
温度・湿度	温度・熱，湿度・水分
光	・人工照明　蛍光灯：昼光色，白色，電球色 　　　　　　白熱灯：白熱電球，ハロゲンランプ ・自然照明（直接光：太陽光・紫外線と赤外線，間接光）
空気汚染	・大気汚染（硫黄酸化物，窒素酸化物，塵埃，塩化物，オゾン） ・室内汚染（有機酸，アルデヒド類，塵埃，硫黄・硫化物，アルカリ性物質）
生物	・微生物（カビ，酵母，バクテリア，コケ，地衣類） ・動物（昆虫：シロアリ，鳥：鳩，キツツキ，ほ乳類：ネズミ） ・植物
振動・衝撃	運搬時の振動，運搬中の人為的ミス・落下事故，取扱い不注意など
盗難・破壊	盗掘，盗難・略奪，バンダリズム（文化財破壊行為）
自然災害	地震，津波，雷，大雪，台風，大雨，地滑り，洪水，黄砂，火山爆発

保持することができる空気の能力が高まる。温度が低くなるとその逆になる。欠陥のある暖房システムによって引き起こされる温度変化や気候の変化は，展示室や収蔵庫の相対湿度を変化させ，限界をこえてしまう。温度は18℃，プラス・マイナス2℃が展示室用にも混在する資料やコレクションにとってもちょうどよい。

気温（温度）を例にとれば，日本の地形は南北に長く，北海道稚内市から鹿児島県指宿市まで約2700km，沖縄まで含めれば約3500km に及ぶ。同一地域でみた場合でも，平均温度は季節（夏と冬）によって異なる。たとえば，北海道札幌市では，8月の平均温度は平均最高気温が26.1℃，平均最低気温が18.5℃であり，1月の平均温度は平均最高気温が−0.9℃，平均最低気温が−7.7℃である。

夏（8月）と冬（1月）の平均最高気温の差は27.0℃，平均最低気温の差でも26.2℃である。夏と冬の間には，26℃前後の差が生じていることがわかる。これが1年だけでなく，数十年もの間，周期的に続けば，資料は収縮・膨張を繰り返し，その結果長い年月の間に劣化していくであろう（近年の異常気象もその影響は大きい）。実際には，収蔵庫に保管されている資料は，これほどまでの温度差はなく，外気温に比べれば安定的であるが，それでも空調設備のない小規模な博物館の収蔵庫では外気温の影響をかなり受けることになる。

また2地点でみた場合でも，南北間では寒暖差が大きい。博物館資料が特別展示のために札幌市のA博物館から沖縄県那覇市のB博物館に貸与され，移動する場合を考えてみよう。A博物館の資料は，通常A館の展示室に展示されていたり，または収蔵庫に保管されているが，B館に貸し出す場合は，これまでとちがった環境におかれるために，保存環境・展示環境が変化する。

たとえば，那覇市の8月の平均温度は，平均最高気温が31.5℃，平均最低気温が26.0℃であり，1月の平均温度は平均最高気温が19.5℃，平均最低気温が14.6℃である。このような状態のときに，資料を札幌から那覇に移動したときの温度差を算出してみれば，夏（8月）のときは，その気温差が最高で13℃の差，最低で5.4℃

寒暖差：2つの博物館の展示空間での影響はこれほどではないが，物理的な運搬中の温度によって影響を受けることに注意したい。

2020年3月リニューアルした東京国立博物館の展示室
出所：Goppion Technology Japan

の差となる。いっぽう，冬（1月）に資料を移動したとすると，最高で22.3℃の差，最低でも20.4℃の差があることになる。

　資料をとりまく環境（ここでは温度・湿度の差）が常に問題となる。人間でも暖かい地域から急に寒冷地に移れば体調が悪くなるのと同じように，資料も言葉を発してはいないものの，資料の材質によっては，資料が伸縮し，または反対に膨張する。時間が経過しているモノになればなるほど，環境の変化に弱いものである。

　博物館の資料が展示・収蔵される空間を大きいところから小さく分割していくと，自然環境→博物館建築→展示室（または収蔵庫）→展示ケース内の環境となるが，このなかでも一番影響を受けるのが展示ケース内の環境である。展示ケース内の微気候を一定に保つための維持管理は，工学的にも，博物館の運営的にも保証されていなければならない。

環境の変化：文化庁の「国宝・重要文化財の公開に関する取扱要項の制定について」（1996）では，環境変化への「慣らし」について，「多湿な環境に常時置かれてきたもの及び寒冷期に長距離を輸送されてきたものの梱包を解く時は，十分な慣らしの期間を確保すること」と定めている。

展示ケース内の環境：微気候（micro-climate）という。

（2）収蔵庫内の温度

　展示室に比べて，収蔵庫のなかはもっと低くてもよい。収蔵庫内部では入館者の快適さを考える必要がないからである。相対湿度を厳密にコントロールするならば，体感温度としては寒く感じるが，温度は15℃くらいが適当である。

　博物館によっては，収蔵庫内の温度を資料に応じて適切な温度に設定している場合もある。たとえば，ミュージアムパーク茨城自然博物館では動物標本（剥製類）を保管している収蔵庫と植物標本の収蔵庫とでは設定温度を変えていたり，長崎歴史文化博物館では資料の材質によって文書資料（紙）と陶磁器類を別の収蔵庫に保管している。

　とはいえ，実際の収蔵方法は理論書のように定式どおりにはいかないのが現実である（つまり歴史的に古い博物館は，収蔵庫における資料は混在状態にある。とくに民族系，民俗系は劣悪な状態が多い）。

　歴史的な文書を収蔵する書庫などの環境

ミュージアムパーク茨城自然博物館の動物収蔵室

条件は上限で25℃といわれ，この値は低いほうが理想的な温度である。上にみてきたように，資料保存で最も大切なことは，保存管理の環境を整えることである。

（3）湿度

目で確認できなくても，水はいたるところに存在している。金属製品を除けば，わが国の作品の主材料（紙，木，漆，膠など）には，多かれ少なかれ水分が含まれている。もちろん，保存環境の空気中にも水分は保持されている。この水分が収蔵品や展示品に吸収されると，資料を膨張させる材質もあり，劣化を進行させることになる。また逆に，資料に含まれている水分が凍結・融解を繰り返すと，資料の有機体組織を弱めていくことになる。少しでも劣化を遅らせるためには，温度管理と同様，湿度の管理が必要である。

また湿度が高い場合は，①温度変化による結露の危険性が増す，②空気中に含まれる粒子状の物質やガス上の物質と水分とが結合し，資料の表面に吸着されやすくなり，化学反応が促進されてしまう（例：錆）③さらに湿度が高くなると，カビが発生する危険性が高まる。カビの種類にもよるが，相対湿度が65%以上になると，カビが発生しやすい条件になるので注意が必要である。いっぽう，④冬季の乾燥時期には相対湿度が40%以下に下がることがあり，そうなると資料は歪んだり，亀裂が生じることもある。湿度は高くても，低くても，博物館資料にとっては厄介な存在である。

（4）相対湿度

さて今，「相対湿度」という用語を使ったが，湿度には，絶対湿度と相対湿度の2種類がある（実効湿度もあるが，ここでは検討しない）。

相対湿度は次のように定義される。

環境条件：資料によって保存管理上の温度は異なるが，フィルムについては日本工業規格で定められており，白黒フィルムでは21℃，カラーフィルムでは2℃となっている（JIS K 7641：ISO 5466アーカイバル保存条件）。

$$RH（\%）= \frac{\text{一定量の空気中の水分量}}{\text{その温度で空気が保持できる水分量の最大値}} \times 100\%$$

　相対湿度 RH（％）は，空気の湿り具合を意味する。ある時 T，ある場所 P での相対湿度を考えてみよう。相対湿度とは，T，P の温度で空気中に最高に存在しうる水分量に対して，今実際にある水分量である。30℃の空気は最高 1 m³中に約30g の水分を含むことができるが，現在 P には 1 m³中15g の水分が存在しているとすれば，15／30×100＝50％となる。

　博物館資料の材質によって適切な湿度の条件がある。具体的な資料を表7.4に示す。

　湿度の上昇下降は，気象条件（気温，気圧）とも関係している。天気予報では冬型の気圧配置とか西高東低という用語がしばしば使われるが，高気圧や低気圧が交互にやってくる。じつはそのとき，博物館内にある展示ケースはこの気圧によって影響を受けているのである。密閉度の高い展示ケースは湿気が入りにくかったり出にくかったりするが，密閉度の低い展示ケースや収蔵用の容器では，高気圧がくれば外気が容器内に入ってくるし，反対に，低気圧がくれば展示ケースや容器から外へ空気が流れだす。湿気はこのようにして，侵入したり，出ていったりするのである。

　美術品や自然史資料の剥製標本，植物標本は，きわめて湿度に敏感である。それは，ひと言でいえば，資料には吸湿・放湿する性質があるからである。この性質によって，環境湿度に対して資料の材質が伸縮することになる。

相対湿度の規定：文化庁の「国宝・重要文化財の公開に関する取扱要項」では，次のように規定している。「相対湿度は60％±５％（年間を通じて一定に維持すること）を標準値とする。ただし，金工品の相対湿度については，55％以下を目安とすること。なお，温湿度の設定に際しては，同一ケース内に材質の異なる文化財を展示したり，展示する作品が展示の前に長期間置かれていた保存環境と大きく異なる場合などには，重要文化財等の種類及び保存状態に応じて適切に判断すること」。

表7.4　材質に応じた湿度条件

レベル	相対湿度	例
高湿度	100％	出土遺物（保存処理前）防黴処置が必要
中湿度	55-65％	紙，木，染織品，漆
	50-65％	象牙，皮，羊皮紙，自然史関係の資料
	50-55％	油絵
	45-55％	化石
低湿度	45％以下	金属，石，陶磁器
	30％以下	写真フィルム

うおお…おそろしい！乾燥しすぎも，湿りすぎも警戒すべし。

一本彫りの干割れの様子（青森市）
左は全景，右は部分拡大したところ

資料の材質にもよるが，湿度は，①材質劣化と②機械的劣化を引き起こす。前者は，材質を劣化させる作用（退色）であり，後者は，亀裂，剥離，一本彫りの干割れ，寄木造像の変形などである。梅雨から夏季にかけて日本は高温・多湿であり，反対に，冬季には乾燥が激しくなる。脆弱な材質は，急乾燥や繰り返し乾湿で変形をきたすことになるので，湿度管理には十分神経を使って資料の保護・保存を考えるべきであろう。

■「保存」関連用語

　博物館学における「保存」に関する必須の用語をいくつか紹介しよう。学芸員課程を学ぶうえでの基本知識ですが，実際のミュージアム関連業務でもよく使われる用語なので，しっかりと理解しておきましょう。

conservation：博物館界では「保存」，環境科学では「保護」
preservation：博物館界では「保護」，環境科学では「保存」
preventive conservation：予防保存。これが展示ケースの役割。露出にはしないこと
keeping：維持すること，貯蔵
restoration：修復，修理，修繕
保全：upkeep, preservation
保護：protection, conservation, guardianship, preservation, patronage
保存：conserve…将来のために腐敗，破壊，衰退しないようにすること
保管（＝保存管理）：safekeeping, storage
積極的保存／消極的保存：positive/negative conservation
加湿：蒸気を発生させるなどして空気中の水分を補うこと
保湿：乾燥しすぎないように湿度を一定の範囲内に保つこと
乾燥：湿気や水分がなくなること，なくすこと。乾くこと
昇華：sublimation…固体が液状になることなく直接に気体になること，またその逆の変化。樟脳，ドライアイスなど
蒸発：evaporation/vaporization…気化作用（液体または固体がその表面において気化する現象）
気化：物質が液体から気体に変わる現象。蒸発と沸騰がある。また昇華を含めることもある。
酸化：oxidation…物質が酸素と化合すること。広い意味では物質から電子が奪われる変化の総称⇔還元：deoxidization

8 情報メディア論

1 博物館情報の特質

（1）博物館情報の意義

　国立民族学博物館の初代館長である梅棹忠夫は，博物館と「情報」の関係について，「博物館に収蔵されている品物は，物質として収蔵されているのではない。情報として収蔵されているのである」と述べている。この言葉が意味するところを理解するには梅棹の議論をもう少し詳細に追う必要がある。

　梅棹は倉庫と死体置場の機能を対比して，博物館の機能は死体置場と同様であるとしている。一般的に，倉庫は品物をまた使うときのために一時的に収容・保存しておくことをその機能とする。つまり，倉庫のなかの品物は生活の場で再び使われるときのために，生きたまま待機しているのである。他方で博物館の場合，品物（資料）が再び生活の場で使われることはない。博物館の資料も多くはかつて日常生活のなかで使われていたものであるが，博物館ではそれらが二度と本来の用途で使われることがないように保存する。この意味で博物館の資料は死んでいるのであり，博物館の機能は死体の適切な処理と保存であるといえる。よって博物館は死体置場なのである。

　しかし，「もの」としてはすでに死んでいるが，資料は死したあともかつて生活の場でもっていた「意味」を体現しつづけている。博物館はこうした意味をすくい上げて再構成し，展示活動などを通して人々に発信している。ここでいう意味とはすなわち，その「もの」に関する「情報」である。博物館の資料を「もの」としてのみ捉えたとき，博物館の資料展示は「もの」の死体を並べてさらすだけの行為にほかならない。博物館が単なる死体置場以上の機能を発揮するには「情報」が不可欠なのである。先に引

博物館と「情報」の関係：梅棹忠夫『メディアとしての博物館』平凡社，1987年，41頁。

博物館の機能：同上書 4 頁を参照。

用した梅棹の言葉は，博物館にとって情報が本質的な役割を担うことを端的にいい表しているのである。

（2）博物館情報の種類

博物館における情報は資料に関するものだけにとどまらず，非常に多様である。水嶋（2017）は博物館情報を以下の4種類に大別している。

このほかにも異なる原理によって博物館情報を分類した例は存在するが，いずれの場合にも共通するのは，情報が博物館活動の中心であるという認識に立ち，多様な博物館情報をどのように扱うかを検討することが重要であるという視座である。

博物館情報の分類：水嶋英治「博物館情報学の三大原則」水嶋英治・田窪直規編著『ミュージアムの情報資源と目録・カタログ』（博物館情報学シリーズ1）樹村房，2017年，13-47頁。そのほかに，田窪直規「博物館情報概説」加藤有次ほか編『博物館情報論』（新版博物館学講座11）雄山閣出版，1999，3-28頁は，博物館情報をA．一次情報と二次情報，B．フロー情報とストック情報，C．公開情報と非公開情報という3つの視点から分類している。

表8.1　博物館情報の種類

種　類	説明・例
資料・コレクション情報	資料（コレクション）に関する情報。
運営・活動情報	たとえば，催事案内，展示公開，教育活動に関する情報など。
経営・財政・人事等のマネジメント情報	たとえば，職員の人事情報，資料の評価額（保険金，保険料），博物館の運営予算など。
ネットワーク情報資源	個々の博物館がインターネット上で公開・提供する情報群の中から利用者が検索を行うことによって得られる情報の総体。

出所：水嶋（2017）の4分類をもとに筆者作成

① 資料目録

以下では，先に述べた多様な博物館情報のなかでも，博物館活動の基盤となる資料・コレクション情報に関する取り組みについて説明する。

■資料目録と博物館ドキュメンテーション

資料・コレクション情報を一定の規則に基づいて記述・整理したものを「資料目録」という。いっぽう，資料目録の作成を含め，博物館の基本的な業務にかかわる情報を記録・管理する業務を「博物館ドキュメンテーション」という。博物館ドキュメンテーションはおおよそ図8.1のようなプロセスで行われる。このうち，資料・コレクション情報を直接的に扱うのは目録作業であるが，ほかのプロセスにおいて作成される情報も広義では資料に関する情報である。博物館ドキュメンテーションを行うことで，資料・

資料目録：ある展覧会の出品作品やある作家の作品の一覧を資料目録，または単に目録と呼ぶこともある。

ホルム，S. A.／田窪直規監訳『博物館ドキュメンテーション入門』勁草書房，1997年。

田窪直規「博物館情報学と図書館情報学の比較：情報資源，目録・カタログにも注目して」水嶋英治・田窪直規編著『ミュージアムの情報資源と目録・カタログ』（博物館情報学シリーズ1）樹村房，2017年，48-87頁。

エントリー・ドキュメンテーション
新しく博物館に入ってきた資料の概略を記録する。

↓

受入作業
新資料を正式に博物館のコレクションに加えるための作業。受入番号の付与や資産登録など。

↓

目録作業
資料の基本的情報を記録する作業（資料目録の作成）。

↓

イグジット・ドキュメンテーション
他館への貸出など，資料が何らかの理由で博物館を出るときに，資産管理上必要な情報を記録する。

図8.1　博物館ドキュメンテーション概略

出所：ホルム（1997），田窪（2017）をもとに筆者作成

表8.2　資料目録の項目

項　　目	説明・例
識別番号	一意に資料を特定できる番号
簡略資料名称	資料を識別するための短い名称
タイトル	書名・作品名など
取得情報	いつ誰からどのようにしてその資料を取得したのかという情報
常置場所	その資料が通常置かれている場所および関連の日付
一時所在	外部に貸出しているときなど，資料が常置場所にないときの所在情報および関連の日付
注　　記	資料に関する任意の情報

出所：ホルム（1997）をもとに筆者作成

コレクション情報をスムーズに活用できるようになる。また，目録作業によりそれぞれの資料ごとの目録をつくることで，情報を蓄積していくことができるとともに，そうした情報をより効率的に検索・提供することが可能となる。

■資料目録の項目

　資料目録の作成にあたっては具体的にどのような情報が記録されるのであろうか。一例として，「博物館ドキュメンテーション協会（Museum Documentation Association：MDA）」によると，表8.2に示す項目が最低限必要であるとされる。

　② 情報提供の方法

■メタデータ

　メタデータとは「データに関するデータ」と定義される。資料目録は「ある資料（データ）に関する情報（データ）」をまとめたものであるため，メタデータであるといえる。以下では，資料目録（あるいは資料・コレクション情報）をメタデータとして捉え，情報提供を考える際には何が重要であるか説明する。

　結論からいうと，メタデータの標準化を行うことが重要である。ここでいう標準化とは，メタデータを作成する際の規則を定め，その規則に基づいて実際にデータをつくることをさす。標準化をすれば，メタデータの信頼性や一貫性，相互運用性がある程度確

MDA：英国において組織された，博物館ドキュメンテーションに関する各種標準を開発している団体。なお，2008年より"Collections Trust"へと改組された。

「メタ」とは「上位の」という意味である。

POINT

保される。とくに相互運用性が確保されていれば，他館との情報共有を簡単に行うことができるようになり，多数の博物館がもつ情報を一度に検索できる横断検索サービスなども提供できるようになる。

　メタデータを標準化するためには，どのような項目を用いてデータを記録するのか（メタデータ語彙），それぞれの項目は必須なのか任意なのか（構造的制約），メタデータをシステム上でどのように実現するのか（具体的表現形式）といったさまざまな要素を考慮する必要がある（これらの要素を合わせて「メタデータスキーマ」と呼ぶ）。現在博物館の世界では，"CIDOC CRM" や "CDWA" "VRA Core" といったメタデータ語彙が策定されているほか，これらとはやや性格を異にする標準として，ウェブの世界に広くメタデータを提供するためのスキーマである "LIDO" が開発され，国際的に運用されている。

■デジタルアーカイブ

　現在ではメタデータ（もしくは資料目録，資料・コレクション情報）は「デジタルアーカイブ」というかたちでインターネット上に公開・提供されることが増えてきている。デジタルアーカイブでは，メタデータのみならずその対象となる原資料をデジタル化したデータ（コンテンツ）も合わせて公開されることが多い。

　国内における博物館分野の代表的なデジタルアーカイブとしては「文化遺産オンライン」があげられる（図8.2）。文化遺産オンラインでは全国の博物館が有する資料のメタデータやコンテンツを横断的に検索することができる。

　さらに現在では，博物館のみならず，図書館や文書館，ギャラリーなどが連携し，各組織が作成したメタデータやコンテンツを集約・提供しようという大規模な取り組みもみられる。欧州で構築され

CIDOC CRM：正式名称は "CIDOC Conceptual Reference Model". 詳細については次を参照されたい。http://www.cidoc-crm.org/（以下 URL：2022年10月8日最終閲覧）
CDWA：正式名称は "Categories for the Description of Works of Art". 詳細については次を参照されたい。https://www.getty.edu/research/publications/electronic_publications/cdwa/
VRA Core：正式名称は "Visual Resources Association Core". 詳細については次を参照されたい。https://www.loc.gov/standards/vracore/
LIDO：正式名称は "Lightweight Information Describing Objects". 詳細については次を参照されたい。https://cidoc.mini.icom.museum/working-groups/lido/lido-overview/about-lido/what-is-lido/

図8.2　文化遺産オンライン
出所：https://bunka.nii.ac.jp/index.php

た "Europeana" を筆頭に，国内でも国立国会図書館が中心とな
り「ジャパンサーチ」と呼ばれる大規模デジタルアーカイブの運
用が始まっている。

（3）歴史博物館の資料情報の特質

　本項では，前項に引き続きデジタルアーカイブを例として，歴
史博物館の資料情報の特質について各論的に説明する。

　前提として，デジタルアーカイブ上で公開・提供される情報は
主として図8.3のように大別される。ここでいうメタデータは資
料目録にまとめられる情報とおおむね一致する。コンテンツとは
資料をデジタル化したものをさす。これらは両者とも前項で述べ
た資料（コレクション）情報に相当すると考えられる。サムネイ
ル／プレビューとはコンテンツを縮小・抜粋したデータであり，
検索結果一覧画面などで使用されるが，本項ではこれ以上の説明
は行わない。

　以下では，まずコンテンツの種類について概説し，次いでいま
歴史博物館の資料情報にはどのようなことが求められているかを
利用者に焦点を当てて検討する。最後に，資料情報の公開・活用
に関する近年の動向を概観する。

① コンテンツの種類

　そもそもコンテンツとなる前の原資料，すなわち歴史博物館の
所蔵する資料にはどのようなものがあるだろうか（第2章参照）。
代表的なものを並べるだけでも，古文書，古写真，古地図，考古
遺物，絵画，彫刻，工芸品，民具，無形文化遺産（祭事，舞踊な
ど）の映像資料など，非常に多岐にわたる。よって必然的に，こ
れらをデジタル化したコンテンツの形態（メディアの種類）と，
さらにはデジタルであるそれらコンテンツの具体的なファイル
フォーマットも多種多様なものとなる。

　表8.3はデジタルアーカイブ上でみられる代表的なメディアの
種別とそれに対応するファイルフォーマットをまとめたものであ
る。歴史博物館の代表的な資料を例にすると，古文書はテキスト
ないし画像としてデジタル化・公開されることが多い。古写真・

Europeana：正確には各インター
フェースとその管理運営組織および関
連プロジェクト群の総称である。以下
は一般利用者向けのインターフェース
へのリンクである。https：//www.eur
opeana.eu/en

ジャパンリサーチ：日本の文化機関が
保有する書籍・公文書・美術品など多
様な文化遺産のメタデータを機関横断
的に収集・提供するデジタルアーカイ
ブである。https：//jpsearch.go.jp/

メタデータ
コンテンツ
サムネイル／プレビュー

**図8.3　デジタルアーカイブ上で流
通する情報**

出所：デジタルアーカイブの連携に関
する関係者等連絡会・実務者協議会
「デジタルアーカイブの構築・共有・
活用ガイドライン」（2017）図1を加
工して筆者作成 https：//www.kantei.g
o.jp/jp/singi/titeki2/digitalarchive_kyo
ugikai/guideline.pdf

表8.3　コンテンツのメディア種別とファイルフォーマット

メディア	ファイルフォーマット
テキスト	HTML, PDF, PDF/A, RTF, TXT, XML
画像	DNG, GIF, JPEG 2000, PDF, PNG, TI/A, TIFF など
動画	AVI, MPEG-2, MPEG-4, MXF, QTFF, WMV など
音声	AIFF, BWF, FLAC, MP3, Wave など
3D	Alembic, OBJ, OpenGEX, STL, X3D など

古地図・絵画は基本的に画像データとして公開される。考古遺物や彫刻，工芸品，民具もその多くは画像データとしてデジタル化されるが，近年は3Dデータとして作成・公開される例も増えてきている。無形文化遺産は主に画像・音声・動画データとしてデジタル化・公開される。

　メディアが多様である以上にファイルフォーマットの種類は多岐にわたる。どのメディアおよびファイルフォーマットを選ぶのがよいかはコンテンツの用途による。たとえばコンテンツを長期的に保存していく資産として捉えるとき，より慎重に考慮すべきはメディアの種類よりもフォーマットとして何を選択するかという点である。長期保存の際のフォーマット選択の基準として一般的なのは，そのフォーマットの「オープン性（openness）」と「普遍性（ubiquity）」である。

　オープン性とは，そのフォーマットが特許や著作権などにより利用を制限されておらず，誰もが自由に使うことができる状態であるかどうかを意味する。普遍性とは，そのフォーマットがどれだけ広く使われているかの程度を意味する。オープン性と普遍性が高いほど，そのフォーマットで作成されたコンテンツを管理（および公開・提供）する際に既存のソフトウェアで処理しやすくなり，他機関のデジタルアーカイブと連携することが容易になる。また，将来的に技術環境が大きく変わったとしても，時代に即したほかのフォーマットに変換したり，ほかのシステムで代替的に利用（再生）したりすることができる可能性が高まる。

② 何が求められているのか

　いま歴史博物館の資料情報には何が求められているのだろう

📖 **オープン性と普遍性**：Corrado, Edward M., Moulaison Sandy, Heather. Digital preservation for libraries, archives, and museums. 2 nd ed, Rowman & Littlefield, 2017, p. 194. を参照。

か。この問いの答えを考えるには，資料情報にはどのような利用者層が存在し，かれらはどのようなニーズをかかえているのかを検討する必要がある。この点については先述の Europeana による利用者層の区分が参考になる。Europeana によると利用者は，コンテンツの閲覧や SNS 上での共有など私的利用を主なニーズとする「エンドユーザー」と，コンテンツおよびメタデータを商業・教育・研究目的などより専門的な用途で活用することを望む「クリエイティブ」とに大別される。

Europeana におけるエンドユーザーに対する取り組みとしては，美術やファッションなどテーマ別にコンテンツをキュレーションして公開したり，閲覧しているコンテンツをワンクリックで主要な SNS 上で共有できる機能を実装したり，さらには Europeana 上に集約されたデータを多くの利用者が日常的に利用している外部プラットフォームであるウィキペディアに提供するなどがあげられる。いっぽう，クリエイティブに対する取り組みとしてとくに重要なのは，外部のソフトウェアとの連携を容易にするため，標準的な規格に準拠してデータを公開・提供することである。とくに近年ではデジタル・ヒューマニティーズの進展を受けて，同分野での研究利用に対応する形式で資料情報を提供する必要も高まっている。

エンドユーザーとクリエイティブへの対応のどちらにも共通するのは，コンテンツおよびメタデータ（つまり資料情報）の「オープン化」と「質の向上」である。ここでいうオープン化とは，可能なかぎり法的・技術的制約の少ないかたちで情報を公開することを意味する。具体的には各種 API の実装や資料に係る著作権などの権利処理，パブリック・ライセンスの付与などがあげられる。質の向上とは，単なるサムネイルの公開にとどまらず鑑賞・研究に耐えうる高品質なコンテンツを作成・公開することや，より正確かつ情報量が豊かで標準化されたメタデータの提供を意味する。

③ 近年の動向

以下では資料情報の「オープン化」と「質の向上」に関する近

オープン化すれば，博物館の可能性が広がるのか？

POINT

年の動向について概観する。

■TEI ガイドライン（Text Encoding Initiative Guidelines）

　TEI ガイドラインは古文書などの文献資料をテキストデータとして適切にデジタル化するための標準である。具体的には XML を用いて文献資料の本文および資料目録に相当する情報（メタデータ），そしてその資料の研究成果である注釈（アノテーション）情報などをマークアップする際に用いられるガイドラインである。もともと欧米の人文学や情報学の研究者らによって開発された標準であるが，現在では日本を含め東アジアの言語圏のテキストにも対応するべく取り組みが行われている。TEI ガイドラインの最新版は P5 ガイドラインと呼ばれており，歴史研究や言語研究などさまざまな研究プロジェクトや，博物館，図書館，出版者などで広く活用されている。

TEI ガイドライン：https：//tei-c.org/guidelines/を参照。

■IIIF（Iternational Image Interoperability Framework）

　IIIF とは，画像の公開や相互運用性の確保のための国際的な枠組み（標準）である。利用者の立場からみたとき，IIIF に準拠して画像が公開されていると，手元のビューアに複数の異なる（IIIF 対応の）デジタルアーカイブから画像を読み込ませて任意の方法で表示させることができるようになる。これにより，たとえば世界中の博物館が個別に公開している同本異版の古文書の画像データを同時に 1 つのビューアで表示することができるなど，より効率的な研究が可能になる。IIIF はもともと欧米の大学・図書館により策定された標準であるが，現在では国立歴史民俗博物館など国内の文化機関においても対応例がみられるようになっている。なお，IIIF 対応ビューアの主だったものはフリーソフトとして公開されている。

IIIF：https：//iiif.io/を参照。

■クリエイティブ・コモンズ・ライセンス

　クリエイティブ・コモンズ・ライセンス（以下，CC ライセンス）とは，著作権所有者が，自身が権利を有する作品に対して付与する利用許諾（パブリック・ライセンス）の一種である。CC ライセンスは利用に関する 4 種類の基本的な条件の組み合わせによる計 6 種類からなる。

デジタルアーカイブ上で公開・提供される資料情報について，コンテンツの場合は「表示（CC BY）」（図8.4）と呼ばれるライセンスが付与される場合が多い。「表示」は作者の氏名やタイトルなどクレジットを表記することを条件に，改変や商業利用も含めて自由にそのコンテンツを利用することができるというライセンスである。メタデータについては，通常の6種類のCCライセンスとは異なる，"CC 0"と呼ばれるツールが使用されることが多い。CC 0は著作権所有者が自身の権利を放棄してその作品を完全にパブリックドメインとするために用いられる。

利用者の視点からみたとき，CCライセンスが付与されていれば，そのコンテンツおよびメタデータをどのように利用することができるかを，いちいち利用規約を読んだり個別に利用許諾を行ったりせずとも視覚的に即座に判断できるようになる。

図8.4 「表示（CC BY）」ライセンス

出所：クリエイティブ・コモンズ・ジャパン https://creativecommons.jp/licenses/

CC 0：知的財産権（著作権を含む）の保護期間が過ぎているかあるいはそもそも権利が発生してない状態のこと。

2　博物館の情報発信メディア

博物館では，パンフレットや展覧会チラシ，図録，紀要などの印刷物や出版物を制作している。さらに近年は，情報発信のメディアとしてウェブサイトも重要なメディアとなっている。

これらは，催しものや研究などの内容を伝えるための媒体でもあるが，他方で，たとえばロゴやロゴマークが効果的に使われているか，バリアフリーに配慮した文字のサイズになっているかなどデザインにおいても博物館としての考え方を伝える媒体でもある。ここでは，博物館からの情報発信メディアを整理し，またそれらの課題を見ていこう。

（1）博物館の情報発信（印刷物）とその課題

博物館の印刷物にはどういうものがあるだろうか。まず，基本情報を掲載したパンフレット（リーフレット），展覧会やその関連イベントを知らせるためのチラシ，展覧会の内容をまとめた図録（カタログ），また館全体の利用情報として単発のイベント情報，友の会員募集案内，教育プログラムの案内のチラシやリーフレットがある。これらのほかに，直接利用者に配布されることは少な

当たり前だが，発信しなければ誰にも届かないからな。

いが，学芸員らの研究発表の媒体である研究紀要，博物館の1年間の活動をまとめた年報，博物館の活動を長期にわたって概観した要覧，さらに細かいところでは職員らの名刺がある。また，館が制作するか否かは別として，ミュージアムショップやカフェ，レストランの案内カード，ミュージアムショップでは商品案内カタログ，ショッピングバッグもある。

　案外，多くの種類の情報発信の印刷物があることがわかる。しかし，これらを1つの博物館について集めてみると意外なことに気づくに違いない。同じ博物館からの情報発信にもかかわらず，博物館のマークやロゴの使い方が不統一だったり，配色や配置などデザインイメージがバラバラだったりするからだ。つまり，こういった情報発信の印刷物に対して，ビジュアルとテキストの編集方針がしっかり検討されていないケースが多いからである。

　近年は，新設館はもちろんのこと，伝統的な博物館でも著名なデザイナーに依頼して，ロゴやマークの決定，その使い方の指示（色の指定，モノクロや2色の場合のデザイン，テキストとのバランスなど），キャッチフレーズの検討などを明確にし，パンフレットから職員の名刺，ショップパンフレット，ショップのオリジナルグッズにいたるまでイメージの統一を図るようになっている。誰にどのような情報を届けたいのかの違いによって，編集方針やデザインが変わってくるのは当然であるが，一目見て，これは○○博物館の情報だとわかるくらいの情報発信力があることが望ましい。

　バラバラだった博物館からの情報発信をビジュアルイメージも含めた束として届けるようになってきている。

（2）博物館のウェブサイト
　ウェブサイトは，もう1つの重要な博物館情報発信の媒体である。たんに，展覧会情報や開館時間，交通アクセスを知るだけでなく，上記の多くの印刷物で示した情報や印刷物になっていない情報も含めて，その博物館のホームページのなかに整理され，蓄積され，収納されている。子ども向けのページ，教師向けのペー

紙媒体かウェブサイトかのどちらかしか見ないという者も少なくないだろう。

ジ，学芸員の実績，図書情報，評価，財務情報，外国語ページなど印刷物では発信できにくい膨大な情報を掲載したり，学芸員のブログや利用者からの問い合わせ，プレスへの写真提供の対応などウェブサイトならではプログラムを活用している博物館もある。

　なお，この場合でも，どのようなビジュアルにするか，構成にするかデザインについては設計段階で重要なポイントになる。

（3）展覧会図録

　展覧会図録（カタログ）は，展覧会において必須の印刷物である。しかし，多くの場合に，これらは展覧会の期間が過ぎるとなかなか売れない。出版社が発行する出版物は取次業者を通じて書店に流通させるルートに乗るが，博物館で発行する図録はそこに乗らない。また，内容的にも研究者らが執筆するために表現が難解なことも多く展覧会を見ていない一般読者にはアピールが弱い。そこで，展覧会期間中はもちろん，会期が過ぎても市場で販売でき，しかもわかりやすい表現や見やすい誌面構成を出版社の編集者が行うという博物館と出版社が共同で展覧会図録を発行するケースがある。

　また，展覧会図録では，画家の絵を掲載した豪華な図録が著作権法第47条で著作権者の許諾がなくとも著作物の利用が認められる「小冊子」にあたるのだろうかという論議がある。実際に，鑑賞用として市場で販売される「画集」の域になっているのではないか，であれば著作権侵害であるというという「展覧会カタログ事件」（平成元年10月判決）があった。この事例は結果的に，高品質の画像のこの展覧会図録は著作権者の許諾か必要だとされたが，いずれにしても著作権など知的財産権については，慎重に対応していかなければならない。

プレス：印刷物。出版物。新聞。または，新聞社などの報道機関。

9 博物館史

1 日本の博物館をつくった人々

（1）日本人にとって初めての博物館体験

　博物館の歴史を振り返ってみると，日本人が初めて博物館を体験したのは幕末期である。

　むろん，それ以前からも博物館に近い施設は古くから日本に存在し，展示会も開催されてきた。たとえば，奈良・平安時代の数々の宝物類を納めてきた正倉院は歴史的な資料保管施設として著名である。また，寺院の秘仏を特別に観覧させる「開帳」が江戸時代には数多く開催され，これは現代博物館の特別展・企画展に相当するといえる。

　だが，ある1つの施設において資料を収集・コレクションし，一般に向けて展示・公開するという近代的な博物館は幕末期までの日本には存在しなかった。

　この当時，ペリー来航に伴って約200年以上も続いた鎖国体制は崩壊し，開国へと転換していた。1858年，江戸幕府はアメリカと貿易を開始するために日米修好通商条約に調印し，さらにその批准書交換のために1860年には開国後初の公式外国訪問団を派遣した。

　アメリカに渡ってから，かれら使節団一同はさまざまな施設を現地で案内された。そのなかの1つにワシントンにあった特許局がある。そこでは特許に関する資料のほか，独立宣言などの歴史資料も展示され，一般公開がなされていた。見学した随員の一人である名村元度はこの特許局を「博物館」と表現し，これが日本初の「博物館」という語句の使用例とされている。

　そもそも「博物館」という言葉は，1842年，清で出版された『海国図志』という当時にあって最新の世界情勢を記した地理書のな

開国をきっかけに，日本の文化全体が大きく動いていくぞ。

📖 家永真幸「中国の『博物館』受容に関する初歩的検討」『東京医科歯科大学教養部研究紀要』43，2013年。

かにみられる。そこでは，イギリスの大英博物館のことを「博物館」と紹介しており，のちに同書は幕末期の日本に輸入された。その影響を受け，アメリカの特許局のことを「博物館」と表記したと考えられている。

実際に日本人が大英博物館を初めて見学したのは，1862年に江戸幕府が条約改正交渉などのためにヨーロッパに派遣した一行であった。かれらはロンドンで西欧の「ミュージアム」とともに，もう1つ，重要な出来事をロンドンで体験した。

それは日本人で初めて国際博覧会（万博）にかかわったことである。かれらはロンドン万博の開会式に出席するとともに，熱心に見学を行い，そこで収集・陳列された世界各国から最先端の科学・技術・文化・芸術に感嘆し，その有用性を体感した。

博覧会と博物館の関係は深いのである。

明治時代に入ると，新政府は富国強兵と殖産興業を推進するために，西洋のさまざまな技術や文化，制度や仕組み等を採り入れ，その1つに博物館と博覧会があった。それは幕末期に西欧に派遣された江戸幕府や西南雄藩の使節団の体験によってもたらされたものであったのである。

（2）福沢諭吉と久米邦武の博物館観

先に述べたとおり，江戸時代の終わりごろにはすでに「博物館」という言葉が日本に存在していたが，それを本格的に全国に広めたのは福沢諭吉（1835-1901）である。

かれは1862年の遣欧使節団に翻訳方として随行し，大英博物館やロンドン万博を視察した。西欧社会のさまざまな制度や文物に接し，日本帰国後にこのときの体験などに基づきながら1866〜1869年にかけて『西洋事情』という書籍を著した。これは西洋社会の状況を知るための恰好の入門書として尊ばれ，およそ20万部以上のベストセラーとなり，当時の社会全体に大きな影響を与えた。同書のなかでは「博物館」と「博覧会」が紹介され，これが大きなきっかけとなり「博物館」という言葉が日本に定着するようになる。

福沢諭吉は，「博物館ハ世界中ノ物産，古物，珍物ヲ集メテ人

福沢諭吉『西洋事情』慶應義塾大学出版会，2009年。

福沢諭吉殿による紹介をみてみよう。

ニ示シ，見聞ヲ博クスル為メニ設ルモノナリ」とし，世界中から
さまざまな物産や古い物，珍しい物を一同に集めて多くの人々に
公開し，そのことで観客の見聞を広めるためにある施設であると
している。

　続けて，博物館の種類として次のとおり例示する。

---

① 世界中の鉱物を収集する「ミネロジカルミュヂエム」
② 動物・魚類のはく製・標本を収集する「ヅーロジカルミュヂエム」
③ 実際に生きている生物を飼育・公開する「動物園」
④ 世界各国の植物をその栽培に適した環境で公開する「植物園」
⑤ 主として病院内に設けられ，医療技術の向上のために人体や病気の標本類を収集する「メヂカルミヂエム」

　福沢諭吉が注目していたのは自然科学系の博物館であり，これ
こそが近代日本が優先的に学ぶべき分野であると捉えていたこと
が読み解ける。
　続いて「博覧会」の項目では，「博物館では世界各国からさま
ざまな物品類を収集し，展示をしている。だが，技術革新の動き
は日進月歩で，そのときは最新の発明であっても，それはすぐに
陳腐化してしまう。そこで西洋諸国では数年ごとに博覧会を開催
し，世界各国からその時々の最先端の産業技術，珍しいものなど
を一堂に集めて一般の公開に供しているというのである」という
主旨の説明をしている。
　そもそも博覧会の意義とは「相教ヘ相学フノ趣意ニテ，互ニ他
ノ所長ヲ取テ己ノ利トナス」とあり，展示されたさまざまな文物
をとおして互いの国の長所を学び合うことにあり，たとえるなら
「智力工夫の交易」であるという。このことが文明の発展に有益
であると指摘するのである。
　日本の近代化達成のためには博物館と博覧会はなくてはならな
いもの，両者は密接不可分のものとして捉えられていた。こうし
た考えは福沢のみだけでなく，明治新政府も共有し，近代初頭に
おける博物館政策の基調を成すのである。
　福沢諭吉と同時代に活動し，西欧の博物館事情を日本に紹介し
た人物として久米邦武（1839–1931）がいる。久米は佐賀藩士の家
に生まれ，さまざまな学問に精通していた。明治維新後，岩倉

久米邦武殿による紹介
はどうだ？

具視を中心とする遣欧使節団に書記官として加わり，西欧各国を視察した。この使節団の目的は西欧各国との友好親善や制度・文物の調査などで，1871～1873年にかけてなされたものである。

　帰国後，久米が中心となってこの使節団の見聞内容が報告書としてまとめられ，1878年に『米欧観覧実記』として刊行された。同書のなかには西欧各国の博物館やウィーン万博を見学したときの様子が詳細に紹介されている。とくに博物館の特徴として，「百聞ハ一見ニ如カスト，寔ニ目視ノ感ハ，耳聴ノ感ヨリ，人ニ入ルコト緊切ナルモノナリ」と述べ，視覚に訴えられる点に大きな意義を見出していることが読み解ける。

　また，「進歩トハ，旧ヲ舎テ，新キヲ図ルノ謂ニ非ルナリ」とし，進歩とは単に古いものを捨てて新しくすればよいというのではない。「博物館ニ観レハ，其国開化ノ順序，自ラ心目ニ感触ヲ与フモノナリ」，「其順序ヲ瞭示スルハ博物館ヨリヨキハナシ」とあるとおり，それぞれの国における文明の「発展の過程」そのものが大切なのであり，こうした歴史を誰に対しても一見して明らかなかたちで示しうる点にこそ博物館最大の価値があるというのである。

　久米の示した「博物館」観はその後の日本における歴史博物館の重要性を予見したものといえるであろう。

（3）日本初の博物館的施設の開設

　実際に日本にあって初めての博物館開設に大きな役割を果たした人物の一人が町田久成（1838-1897）である。町田は薩摩藩士の家に生まれ，学問に秀でていたことから江戸の昌平坂学問所で学ぶ。のちに大目付まで取り立てられ，1865～1867年の薩摩藩による遣欧使節団の一員となる。そこで大英博物館やパリ万博を視察し，博物館・博覧会の重要性について意識するようになった。

　明治維新後は大学（教育行政のための官庁），文部省に勤務し，博覧会開催や博物館開設の任にあたった。1871年に町田は田中芳男とともに，日本初の文化財保護関係の法令である「古器旧物保存方」の原案を作成し，それが認められて太政官から布告され

久米邦武編『特命全権大使 米欧回覧実記』〈岩波文庫〉1～5巻：岩波書店，1978～1982年。

田中芳男（1838-1916）：植物学者・博物学者。町田久成とともに上野の博物館・動物園の設立に尽力した。

た。これは明治維新以来，古くから伝わる貴重な文化財が散逸の危機に瀕している状況を改善するために，書画・古文書・陶磁器・仏像などの人文系資料や化石などの自然誌資料も含めた保存策を各府県に講じるよう命じたものである。あわせてこれら文化財の調査を実施し，その成果に基づき博覧会の開催が計画された。

それは1872年に，湯島聖堂内の大成殿という建物を会場とした「博覧会」という形で結実した。上記の調査資料とともに，ウィーン万博（1873年開催）への出品資料が展示され，開催中は1日に3000人以上の来場者に恵まれ，盛況であった。この好評ぶりから，同博覧会終了後も，毎月1と6のつく日に一般公開をするようになった。これこそ常設的な展示公開施設の先駆けであり，日本初の近代博物館誕生の年と位置づけられている。

1873年，これまで上記博覧会を所管していた文部省博物局は内務省の博覧会事務局に併合された。文部省側は学校教育の必要から博物館の必要性を訴え，1875年に内務省博覧会事務局から文部省博物館として独立した。

以後，日本の博物館の性格は，内務省系の博物館と文部省系の博物館とに大きく分かれるようになる。前者は古美術や歴史資料類の保存・公開を主とする東京国立博物館の流れに，後者は教育活動を主とする国立科学博物館の流れとなった。

そして前者の流れの博物館は内務省から農商務省へと所管が変わり，1882年に上野公園内に新博物館（のちの東京国立博物館）が開設された。その初代館長となったのが町田である。同館はのちに宮内省の所管となり，天皇の権威を示す「帝国」の博物館としての性格を強めていく。ここに幕末期より日本に紹介・導入されてきた殖産興業のための博物館という性格は後景に追いやられ，このあと，日本の博物館は大きく変貌するようになる。

町田久成殿と田中芳男殿の尽力あってこそ日本の博物館は始まった！

2　現代日本の博物館の理想を求めて

（1）戦後における博物館の理想とは

現代日本の博物館の基礎をかたちづくったのは，第二次世界大戦後，1951年に制定された「博物館法」によってである。同法は

現在に至るまで，時代状況に合わせながら，そのつど，改変がされてはきたものの，その基本的な骨子は変わらず，現在でも日本の博物館の大枠を規定している。

この法律はそれ以前の日本社会のありように対する反省から生まれた。戦前・戦中期の日本の博物館政策は，大日本帝国の威信・国力を国内外に広め，あわせて国民の精神的支柱・象徴となることを目的として執り行われた。

戦後にあっては，GHQがこうした軍国的思想・施策を解体し，日本に民主主義を根付かせるために教育制度の改革を推進した。そして博物館に対する政策もそのなかに位置づけられ，戦後民主主義を象徴するものとして整備された。

こうした動向をふまえ制定されたのが「博物館法」である。同法により，博物館登録制度が定められ，博物館は社会教育施設として教育委員会の所管に属するとされた。また，博物館で勤務する専門職員として学芸員の存在が定められ，その資格・養成制度が設けられた。ここに日本の博物館にまつわる制度の根幹が形成されたのである。

ほぼ同時期に，民間にあっても今後の日本の博物館の理想が模索されていた。なかでも注目される議論としてあげられるのが，1949年に一志茂樹（1893-1985）によって提起された「地方博物館論」である。かれは長野県内の小学校教員として勤務する傍ら，郷土史研究者として長野県内の郷土研究や資料集編纂事業などに精力的に取り組んだ人物である。

一志によれば，その当時の日本の博物館は単に資料を陳列し，その説明も学術的データを提示しているばかりである点に問題があるとしている。そのため，博物館に対して抱かれる一般的印象とは，「多くの人々に何か古くさくて無味乾燥な，生気の乏しいところ」「どこかよりつきにくい，実社会から遊離してゐるかのやうな感じ」であり，「それがわが国の多くの博物館から受ける印象」であると苦言を呈しているのである。すでに戦後すぐの段階で，現代の博物館にあっても時折投げかけられる負のイメージが指摘されていることに驚かされる。

地方博物館論：一志茂樹「地方博物館のありかた」『信濃』1-3，1949年（湯浅隆氏のご教示による）。

こうした状況に対し，一志は次のように対案を提示する。まず，展示にあっては陳列主義から脱し，主題（テーマ）とそれを語るための物語を設け，多用な技法（画像パネル・図表・模型・ジオラマ・映画・スライドなど）を駆使して，誰にも直感的に一目でその内容を把握できる展示を主張する。それに加えて，これら展示を移動博物館方式で各地を巡回させることで，博物館と一般市民との間に横たわる心理的距離を近づけることを提唱する。展示室内には案内・解説職員の常駐や，隣接した講堂や教室で講義や実験教室の開催を開くことも案出しており，普及事業も視野に含めることで，展示の効果を高めようとする視点も有していた。

　建築物としての博物館は，展示室に加え，資料室・研究室・図書室を設けて，一般研究者にも開放することで，地域の研究拠点とする構想も抱いていた。あわせて，休憩所や食堂などの設置といったアメニティにも配慮している。

　資料収集面では，長野県内の資料所在目録を整備し，優品だけでなく民具類の文化的価値にも注目して，その積極的な収集を訴えた。さらに博物館から史跡・名勝へ来観者の誘導を図るフィールドミュージアム構想の先駆け的な発想も開陳している。

　人員については，専門職員の配置とともに館長の人事権にまで考察が及び，博物館経営の視点からも注目される論点をいくつも提示している。その先駆性は現代の視点からしても何ら古びるところはない。ともすると，社会の複雑化に伴い，博物館の理想が見えにくくなっている今こそ読み返すべき珠玉の論考といえるであろう。

（2）「博物館の世代論」にみる博物館の理想とは

　「博物館法」制定してから間もない1955年の日本の登録博物館・相当施設（指定施設）数は239館であった。その数が大幅に飛躍するのは，1970年代に入ってからである。この時期は1871年の廃藩置県により，近代的な地方統治の仕組みができ上がってから100年という記念年にあたっていた。全国の地方自治体では置県100年を記念して博物館の建設ブームが起き，1978年には493館，1987

年には737館となり，戦後段階と比較すると約２〜３倍以上の伸張ぶりをみせた。

　こうした数量的な向上とともに，博物館運営の質も大きく変化していった。こうした状況をふまえ，新しい博物館像の方向性について考察したものが「博物館の世代論」である。

　これは1985年に竹内順一が提唱した考えに基づき，1993年に伊藤寿朗が論点を整理してまとめ上げた議論である。日本の博物館の役割・機能は第一世代の博物館から第二世代のそれへと推移し，将来的には，第三世代の博物館が社会の要請に基づきながら「登場」することを「期待」するというものである。

　第一世代の博物館は，国宝などのいわゆる「宝物」類の保存を運営の軸に据えた古典的博物館。一般市民の利用形態も観光・娯楽の一環として非日常的な特別な機会に観覧する。

　第二世代の博物館は，資料の公開を運営の軸に据えた博物館で，1970年代以降の公立博物館などをその典型としている。専門職員である学芸員が配置され，資料の調査・研究，収集・保管，公開・教育という博物館固有の役割を果たすようになる。一般市民の利用形態は，かれら自身の知的好奇心を満たすために，展示を観覧し，普及事業へ参加するなどのかたちで利用をするが，それは一過性の利用にとどまる。

　第三世代の博物館は，市民の参加・体験型の博物館である。その典型事例は存在しないものの，部分的にはその理念を実現化させている博物館があるとする。この世代の館では，市民の知的探求心・要求を育むことをめざし，一過性にとどまるのではなく，日常的かつ継続的な利用を可能とする。市民の主体的な自己学習力を育成し，市民と博物館が協働しながら新しい価値を発見・創造することを本質とした博物館である。

　この議論により，博物館の目的，職員，建物，収集・保管，公開・教育，運営などの諸側面ついて，これまでの変容過程と将来的に社会から求められるあるべき博物館の姿が明確化された。それゆえに，多くの論者によって「今後の博物館の理想像とは何か？」がこの世代論を土台として議論されるようになったのであ

博物館の世代論：伊藤寿朗『市民のなかの博物館』吉川弘文館，1993年。特集「地域に根差す博物館」『博物館研究』614，2019年。

世代が移るにつれ，市民へのかかわり方が深くなっていく？

る。

　こうした議論のなかには第三世代の先にある第四・第五世代の博物館像をはじめ，さまざまな博物館の未来型が語られた。論点は多岐にわたるが，総じて「開かれた博物館」をめざすということ，社会と博物館との関係性を深め，相互作用・影響を及ぼしあう度合いを強めようとすることでおおむね一致している。いわば社会と博物館の間の敷居を従来以上に低くする，もしくは敷居そのものをなくそうという方向性である。そのための具体策として展示などのアミューズメント性を高めること，レクリエーション機能の重視，ボランティアやNPOによる企画・運営参画などが検討され，それぞれの実践事例が報告されるようになった。

　市民参画は博物館界のキーワードとなり，それは現在も続いている。

（3）「博物館冬の時代」にどう対応するか

　その後も日本の博物館数は順調に伸びていき，2011年には1262館で戦後段階のころの約5倍となった。ところが，平成20年代以降（2008〜）は1200〜1300館台，類似施設も含めると5600〜5700館台で推移しており，日本の博物館数は飽和状態となっている。むしろ縮小傾向にあることすら指摘されている。

　また，博物館の運営そのものについても2000年代以降は「博物館冬の時代」という言葉で語られるようになり，量・質の両面において博物館をとりまく環境は厳しさを増すようになってきた。

　1990年代のバブル経済の崩壊以後，長期的な景気の後退局面に突入し，行政・民間を問わず，財政難が叫ばれるようになった。そのことに伴い，博物館をはじめとした文化関係の事業は不要不急と社会全体で認識され，予算を投入することが控えられるようになった。公立博物館であっても休館・閉館する動きが目立つようになったのも2000年代以降の特徴である。

　この時期の課題・問題として，1970年代に開館した博物館が老朽化してリニューアルの必要性が生じていること。一般市民の知的要求が高まり，それに対応した施設が求められるようになった

日本の博物館数：杉長敬治「日本の博物館の縮小と拡大」『日本の博物館総合調査研究　平成27年度報告書』2016年。

ピンチはチャンス？早く暖かい春を迎えたいものだ。

博物館の老朽化とリニューアル：菅原教夫「美術館と財政難」『日本の博物館総合調査研究報告書』，2009年。

こと。にもかかわらず，財政難により上記の問題に対応し得ず，リニューアルは困難な状況に陥っていること。学芸員の新規採用が少なくなり，新しい世代が育ちにくい状況にあること。新規資料の収集予算がつかず，コレクション・展示の充実化が図りにくいことなどが指摘されている。

　こうした状況に対応するため，従来以上に博物館にも展示観覧者数の増加・集客性の向上が求められるようになり，あわせて博物館運営の体制にも大幅な変革が求められるようになった。一例として，民間の効率的な経営手法を公立施設に導入することを可能とした指定管理者制度，博物館の運営状況を定期的に点検し，改善をすることで博物館運営の健全化を図る博物館評価制度などがあげられる。これらはいずれも博物館界で受け入れられてから，まだ年月も経っていないことから，さまざまな課題も指摘されている現状にある。また，博物館を利用する市民そのものも変化する必要性があるとの意見も提起されており，いまだ，明確な未来像は検討の途上にある段階といえよう。

　よく「ピンチはチャンス」とされるとおり，両者はコインの裏表の関係にある。上記のようなさまざまな不利な状況にあるなかにあって，新しい博物館像を具現化させるのは，ひょっとしたら本書の読者かもしれない。

椎名仙卓『図解博物館史』雄山閣出版，2000年。

村田麻里子『思想としてのミュージアム　ものと空間のメディア論』人文書院，2014年。

特論3
歴史資料と宗教遺品

　歴史資料のなかには，宗教ときわめて関係が深い宗教遺品・聖遺物がある。学芸員や博物館管理者は宗教遺品については慎重に取り扱わなければならない。宗教は，超自然的な力または人物・神との関係を含み，神聖な性格をまとった信念・精神文化と実践の体系をさす。そのため，博物館と宗教の結びつきは複雑であり，慎重にならなければならない。歴史のある博物館の多くは宗教施設と直接結びついている（たとえば，バチカン美術館，イタリア・ピサ大聖堂に付属するドゥオーモ美術館）。日本でも神社仏閣に付属する博物館・歴史資料館には聖遺物が多く展示されている。新しいところでは，世界宗教博物館が台湾に開館している（2001年）。

　通常，保存されている宗教遺品は博物館という「非宗教的」な文脈のなかに展示品としておかれることになる。しかし，博物館は，「準宗教的」組織であると認識される場合もあり，聖職者対学芸員，信者対一般市民，カルト対博物館学教義など対立構造をとる場合もある。国際博物館会議（ICOM）では，職業倫理規程で次のように謳っているので注意しておきたい。

> 4.3条　慎重さを要する資料の展示
> 　遺骸および神聖な意味のある資料は，専門的な基準に従った方法で，知られている場合はそれらの資料が由来する地域社会，民族もしくは宗教団体の利益と信仰を考慮に入れつつ陳列されなければならない。それらは，全ての人々が持つ人間の尊厳の気持ちに対する深い察知と尊敬をこめて展示されなければならない。

バチカン美術館

ドゥオーモ美術館

あるものの神聖さを奪う行為を非神聖化という（仏像などを展示する場合は魂を抜くので脱魂とも呼ばれる）。非神聖化されたモノを嘆く人もいれば，そのことを歓迎する人もいる。そのため，とくに博物館が保存している宗教的由来の品々に関しては考慮されなければならない(サンドニ王立宝庫)。上記のICOM職業倫理規程に記されているように，博物館の立場は微妙である。いっぽうでは，宗教的なもの（どんな宗教であ

サンドニ修道院

れ）への離反があり，おそらくより大きな現象（物質的なものと神聖な機能との関係の断絶など）の結果であり，博物館はそのなかの1つの要素である。いっぽう，世俗的な機関が宗教的な使用によって聖なるモノから力を奪う傾向があるとすれば，これらの遺物を収集，記録，修復，保存，展示，普及する博物館活動は，逆に，博物館の仲介がなければ不敬なままだったであろう多くの遺物を再び神聖化することにも貢献することになるのである。

■小説のなかの博物館

『沈黙博物館』小川洋子（2000；文庫2004）筑摩書房

　ある老婆に博物館づくりを依頼され，小さな村に博物館技師という「僕」がやってくる。小難しそうな老婆の面接に合格するが，"村人たちのさまざまな「形見」を展示する博物館をつくってほしい" "さらに新たに死者がでれば，その「形見」を盗んできなさい" などの指示もある。
　そのなかにあって，たとえば老婆による「博物館は増殖し続ける。拡大することはあっても，縮小することはありえない。まあ，永遠を義務づけられた，気の毒な存在ともいえよう。ひたひたと増え続ける収蔵品に恐れおののいて逃げ出したら，哀れ収蔵品は二度死ぬことになる」というセリフに，「僕」をはじめ老女，少女たちが語る博物館像のなかに "博物館とはどういう存在でどういう運命を背負っているのか" "コレクションとは何か" "それを引き継ぐとは何か" といった問いかけを読み解くことができる。

〔山下治子〕

10　建築論

1　博物館の世代論

　1980～1990年代にかけて，日本では全国各地に多くの博物館・美術館・科学館が建設された。博物館建設ブームまたは建設ラッシュということばが登場するくらい，博物館が建てられた時期がある。しかし，日本の博物館の変遷をたどってみると，各時代によって大きな特徴がある。

　博物館法が1951年に施行された当時の博物館は第一世代と呼ばれ，国宝や天然記念物などの希少価値の高い資料（国宝）を中心に，保存機能を中心に博物館運営が行われていた。伊藤寿郎は，この第一世代の博物館を古典的博物館と呼んだ。

　1960年代末の博物館は，第二世代と呼ばれている。明治100年記念事業（1968）を背景として，このころから博物館建設ブームが起こり，県立博物館の多くが開館した。資料の価値が多様化し，その資料の公開が運営の基軸となったが，その対象はあくまで関心をもっている人たちをターゲットとしていた。そうしたなかで，1973年には「公立博物館設置及び運営上の望ましい基準」がつくられ，さらに博物館の建設ブームが続いた。

　1980年代になると，今度は逆に，関心の薄い人たちを対象として，地域と結びついた住民参加型の博物館活動をする博物館や市民とともに活動する博物館が現れた。社会の要請に基づいて，必要な資料を発見し，あるいはコレクションを作り上げていき市民参加型・体験を運営の軸とした。この種の博物館を伊藤は第三世代の博物館と称した。

　1990年代になると，博物館は各地域の実状に合わせて個性を打ち出す傾向がみられ，第四世代の博物館を模索するようになった。1980年代に登場した「参加型」博物館の「参加」性がより深化し，

伊藤寿郎『市民のなかの博物館』吉川弘文館，1993年。

第三世代の博物館：たとえば，住民が参加型する平塚市博物館や，市民とともに活動する大阪市立自然史博物館などがある。

活動全般参加型：人と自然の共生をテーマにした兵庫県立人と自然の博物館（1992年開館，2000年新たな博物館構想策定）や利用者主体の博物館活動を行う滋賀県立琵琶湖博物館（1996年開館）がある。

博学連携：美濃加茂市市民ミュージアム（2000年開館）。

生涯学習の拠点として，展示中心の参加型から博物館活動全般への参加型へと変化しつつあった。学校との連携を積極的に強化し「博学連携」を展開する博物館もある。なかには，地域に立脚した博物館として，博物館の存在理由を考えるようになり，自館を見直す「自己点検」「自己評価」を試みる博物館も出てきた。そうした背景のなかで，評価システムを研究する博物館・美術館も登場した。

　地域づくりとの連携を運営の主軸にしたり，誰もが楽しめる博物館をめざすユニバーサル・ミュージアムなど，新しい考え方によって博物館を設置運営する館が登場していることは今年の特徴であろう。

2　第五世代の博物館像

　2000年代に入るとデジタルアーカイブ技術の進展や普及によって，これまで展示公開できなかった資料や作品・史料がインターネット上で公開されるようになり，博物館界は新たな時代を迎えた。

　今後も博物館は進化していくであろうし，時代の進展とともに確実に姿を変えていく。第五世代の博物館像も模索され，デジタル化された博物館資料・作品・標本類のデータ類が博物館の壁を越えて活用されるようになった。そのことによって，①自宅での美術鑑賞・学習，②大学・研究機関での資料情報・データ利用，③GBIFのように，全世界のデータベースが結びつきビッグデータとして活用することも可能となっている。

　今日では，仮想的博物館（デジタルミュージアム）が高品質な画像データを公開し，図書館も電子図書館として機能する時代である。文書館もデジタルアーカイブとしてさまざまな歴史資料を公開しているし，博物館－図書館－文書館のそれぞれのデータが統合・融合されることによって，これまで考えられてきた博物館，図書館，文書館の壁もなくなる。その結果，博物館・図書館・文書館という施設も消滅するかもしれない。そうなれば，博物館建築という，博物館に特化した建物もなくなる可能性がある。夢物

評価システム研究：静岡県立美術館は自己評価システムを全国に先駆けて公開した。2008年6月に「博物館法」が改正され，「博物館は，当該博物館の運営の状況について評価を行うとともに，その結果に基づき博物館の運営の改善を図るため必要な措置を講ずるよう努めなければならない」こと規定され，博物館の自己点検や外部評価は努力義務とされている。
地域づくり連携：萩博物館（2004年開館）はNPOとの協働運営を試み，萩まちじゅう博物館を展開。
ユニバーサル・ミュージアム：国立民族学博物館は2006年からこの運動を推進している。

GBIF：Global Biodiversity Information Facility（地球規模生物多様性情報機構）は，Webサービスを使用してインターネットを介して生物多様性に関する科学的データを利用できるようにすることに焦点をあてた国際組織である（https://www.gbif.org/）。

語のような話であるが，50年単位でみれば，時代は変化していかざるを得ないのである。

　以上，博物館の歴史的変容を駆け足で追ってみたが，博物館に対する考え方や社会における存在理由も少しずつ変容している。博物館のあり方が変化するということは，その考え方を表現する博物館建築も時代とともに変化することを意味する。

3　博物館リニューアルの時代

　さて，近年では，全国の都道府県に博物館・美術館・科学館がほぼ建設されたため，新たな博物館建築プロジェクトは少ないのが現状である。その代わり，明治100年記念事業で建設された博物館の多くが経年変化のため改修工事や展示更新工事するなど，リニューアルの時代に入ったということができる。

　また地域に存在する歴史的な建造物を博物館として転用し，公開する事例も多い（博物館化：第7章3節参照）。たとえば，明治・大正・昭和の時代の流れのなかで，北方開拓のための宿泊施設，公会堂，宴会場，明治天皇行幸ゆかりの聖蹟，進駐軍宿舎，移築，北海道大博覧会の「郷土館・美術館」，結婚式場，集客交流施設と転用を重ねた国指定重要文化財・豊平館のような建築物もある。これだけ転用が繰り返されても，今日の社会に残されていることをみると保存に値する重要な建築物だということであろう。

豊平館　歴史建造物を活用して博物館として活用した国指定重要文化財

4　来館者の流れと資料の流れ

　博物館は，人・モノ・情報の場である。人々が交流する場であり，資料が展示・収蔵される場であり，情報が集積する場である。「場」を「空間」と置き換えてもよい。

　「人」とは，来館者もいれば，博物館で働く学芸員・職員・ボ

ランティアもいる。地域住民，観光客，外国人観光客など，老若男女・子どもから大人まで，博物館に足を運んで来るため，展示・収蔵以外の公共空間も必要である。

　博物館の核となる展示・教育活動の場，すなわち公開スペースもある一方，収蔵庫・管理室などの非公開スペースもある。

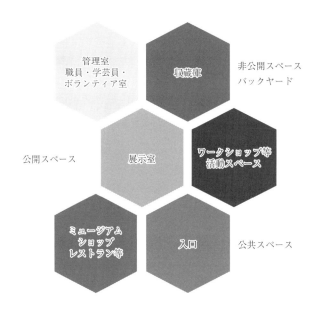

　もう少し詳細に博物館の空間構成を眺めてみよう。理想的には，博物館のなかで人（来館者・職員）が動く順路は，資料の移動動線が交錯しないのが望ましい。来館者は快適な展示環境のなかで展示資料・作品を鑑賞・見学・学習したいであろうし，資料の移動は安全面を考慮し来館者の目には触れない動線がよい。学芸員が展示更新の準備や展示ケースのレイアウト変更などの作業を行う際，当然，資料の移動が行われるが，来館者の動線とは別に確保しておくことが必要である（図10.1）。

　展示と保存は矛盾した機能である。しかし，展示室は保存機能を考慮しなければな

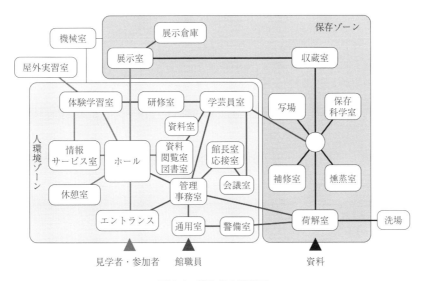

図10.1　博物館の動線図

らない空間であり，同時に，観る人にとってはやさしい快適空間でなければならない。そのための空間デザインは，多様な展示物に対応できる普遍的な空間であることが大前提であるが，印象的な個性ある空間であることも重要である。

　展示室の空間配置は，いくつかのタイプに分かれる（図10.2）。固定されている建築壁は移動できないが，展示物の配置や資料点数，作品の大きさ，分類テーマ，展覧会の主題などによって空間構成を変えることができる。

　博物館を利用する市民が自由に利用できるスペースを確保していればこそ，開かれた博物館としての活動が育っていくものである。その意味では，博物館は学芸員のための研究・保存施設ではなく，第四世代・第五世代の博物館像のように，参加性を重視し，情報機能にも対応できる博物館が望ましい。博物館建築が地域の景観にとってシンボルとなるような外観や空間ととなることも必須要件であろう。

1876年のビクトリア・アルバート美術館の展示室のようす　展示ケースが縦横に整列して配置されている。展示ストーリーのコンテンツと展示ケースの位置・物理的配置によって，強制動線か自由動線がきまる。The South Court, John Watkins, about 1876, England. Museum no. 8089L. © Victoria and Albert Museum, London.

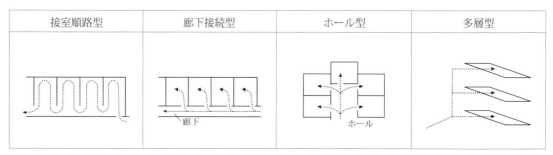

接室順路型	廊下接続型	ホール型	多層型
	廊下	ホール	

図10.2　展示室の空間構成と動線のタイプ

ルーブル美術館　建築的には一方通行的な動線であるが，立ち止まったり，逆方向に歩きながら見学する人も多い。

アムステルダム国立美術館の展示室　各部屋は廊下接続型になっている。

5　博物館建築設計の流れ

　新設の博物館が開館するまでの工程を示した図10.3によると，通常の場合，建築設計作業と展示設計作業の作業が並行して行われる。設計に入る前に，どのような博物館を創建するのか構想を練る期間がある。学識経験者や市民代表を交えての検討会を経て，基本計画が策定される。

　そのあと，1～2年かけて建築設計（基本設計，実施設計）がまとめられる。建築設計は多くの制約条件と法的規制があるため，専門の建築設計事務所や建築家が設計業務を請け負う。同時に展示設計作業も進められるが，どのようなテーマで展示を構成するか，どのような展示ストーリーをつくるかによって展示の配置計画が変わってくる。この展示構成案をまとめるのが学芸員の仕事であり，腕の見せどころである。

開館するまでの工程：現実的には，①展示設計者がなかなか決まらない，②行政的な手続きに時間がかかる，③展示すべき資料・作品が決まらない，などの理由によって，建築設計が先行する場合が多い。展示設計は，建築計画ないし平面計画が決まってから展示設計作業になることも多い。

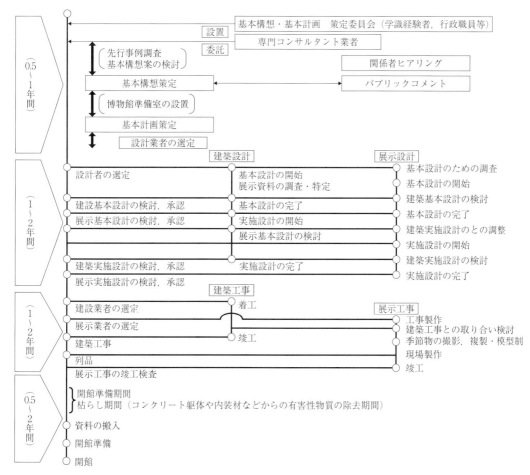

図10.3　建築設計と展示設計の進め方（工程表）　博物館が開館するまでに複数年かかる。

　設計作業が終われば，建築工事と展示工事が進められる。工事完了後，コンクリート躯体や内装材などから発生する有害性物質の除去期間をおいて，開館準備にはいる。

　博物館建築は非常に大きなチームワークの連続であり，複数年かかるプロジェクトである。いったん博物館が開館すれば，地域の顔となりシンボルとなるため，地元住民から愛される博物館として運営管理に責任をもたなければならない。その意味では，建築的にも使い勝手のよい博物館設計が求められている。

11

1館まるごと事例研究

1 長崎歴史文化博物館

（1）設立の経緯と基本方針

長崎歴史文化博物館は，①旧長崎県立美術博物館（1965年開館）の江戸時代以前の美術作品・歴史資料，②旧長崎市立博物館（1941年開館）の収蔵品，③県立長崎図書館郷土課で管理してきた古文書・歴史資料を一堂に集め，2005年11月に開館した比較的新しい博物館である。旧県立美術博物館は当博物館と長崎県美術館とに分かれ，同じ年の4月に長崎県美術館は開館している。建設時に旧長崎奉行所の石段や庭園などの遺構が出土したため，石段を補強され，奉行所門側のエントランスとして活用している。

博物館の建設地は「長崎奉行所」のあった場所であるため，歴史的な建築復元と現代的な博物館機能を共存させた歴史博物館ともいえる。館全体のテーマは，長崎の「海外交流史」を基本軸に据え，常設展示を構成している。

1998年11月，長崎県では政策創造会議「諏訪の森部会」を設置し，諏訪の森地域全体を「文化ゾーン」にするという構想提言をまとめ，2000年11月に諏訪の森の再整備の「基本方針」を公表した。2001年には歴史文化博物館基本構想専門家会議を設置し，歴史文化博物館の基本構想を策定。翌2002年には建築設計と展示設計作業，2003年から約2年間の建築工事・奉行所の復元工事，展示工事を経て，2005年に開館した。

博物館の整備の骨格となる「基本方針」が策定されており，この方針のもとに，行動指針および事業方針が策定されている。基本方針は「長崎学の調査研究の拠点」として調査研究の深化と地域・学会などでの発信・還元をめざすこと，博物館活動は「開かれた博物館」であること，県の内外だけでなく海外の博物館，大

長崎市立博物館：前身は1896（明治29）年に開設された商品陳列所で，1941（昭和16）年に長崎公園内の旧商工奨励館を改装・開設された。その後，市長公舎，長崎国際文化会館へと移転し，1975年からは出島資料館内で開館した。

設立の法的根拠：長崎歴史文化博物館条例（平成16年10月15日長崎県条例第56号）がある。

ここが余のホームグラウンド
なのだ!! おぬしも"れきぶん"
へ来るとよいぞ。

長崎歴史文化博物館の全体像　手前が
長崎奉行所の復元建築, 奥が博物館(黒
川紀章建築都市設計事務所)

学, 研究機関, 歴史団体と「連携する博物館」であること, 展示
と教育は生涯学習の場として活用し「体験と発見の博物館」であ
ること, 地域づくりに貢献する博物館であることなどが定められ
ている。

連携する博物館：とくに, 交流協定を
締結している中国福建省や武漢市の博
物館, オランダのライデン国立民族学
博物館など。

（2）博物館事業と運営形態

　長崎歴史文化博物館は全国でも珍しく, 長崎県と長崎市が行政
の垣根を越え, 予算と収蔵品を出し合って設置した博物館である。
館の管理・運営は, 指定管理者制度によって, 開館以来, 民間企
業が行っており, さまざまなジャンルの企画展や集客イベントを
積極的に行っている。その結果, 年間約40万人前後の来館者を迎
えている。年間の全体運営予算は約5億円前後である。

　運営を行う組織体制は, 館長・統括マネージャー（副館長）以
下, 4グループ（研究・教育・経営管理・渉外広報）の職員, ボラ
ンティアである（図11.1）。

ボランティア：約65名が展示案内, 外
国語案内, 教育普及, 広報, IPM管
理, 寸劇など博物館活動を下支えして
いる。

　博物館事業は, 学術研究からイベントの開催に至るまで多岐に
わたっている（表11.1）。

　復元された長崎奉行所のお白洲（奉行が裁きを行う場所, 現在の
裁判所）では, 祝日・週末に地元の寸劇ボランティアによって「犯
科帳」を題材にした歴史的事件が演じられている。15年の間に公
演回数は8000回を超えた。

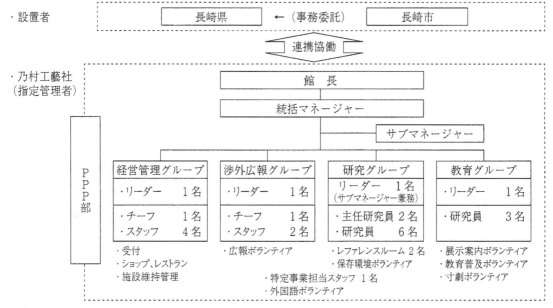

図11.1　長崎歴史文化博物館組織図

出所:「令和3年度（2021年度）長崎歴史文化博物館年報」(2022)

表11.1　博物館事業の概要

事業名	事業方針（概要）	内　容
展示・企画展	海外との貿易を通して繁栄し多彩な文化を誇った長崎の過去・現在を国内外に広く示す。また長崎の学術・文化に貢献し，地域の活性化，人材育成のために展示活動を推進する。	常設展，企画展，特集展示
調査・研究	長崎学の継承と発展のために，長崎学，キリシタン史，博物館教育，保存修復など調査・研究を行う。	学術研究，文化財保存学研究，修理修復，資料管理
長崎学・生涯学習支援	長崎の歴史と文化について理解を深めるために，子どもから高齢者まで成長段階に応じたさまざまな生涯学習プログラムを提供する。また伝統工芸体験工房を設置・運営する。またレファレンスルーム（閲覧室）ではより専門的な情報を提供し，特別閲覧を実施する。	一般向け，学校向け（教員研修，出張授業，移動博物館，資料貸出，職場体験，研修生・博物館実習受入），子ども向け
地域連携	地域に根差した文化活動を行う団体・個人に活動の場を提供し，地域に開かれた博物館づくりをめざす。地域の人々に質の高い芸術文化に触れる機会を提供し，地域の文化振興に寄与する。	各種イベント，季節催事（端午・七夕・節分など），音楽コンサート，夏休み博物館祭り，ボランティア活動
広報・マーケティング	新たな利用者層の拡大と博物館の活性化を図る。博物館活動を広く広報宣伝し，集客を向上させるための取り組み。印刷物（年間スケジュール・れきぶんニュースほか），ウェブサイト（メールマガジン，Facebookなど）の更新・運用。	広報ツールの作成，メディア（TV，新聞社），広告出稿，PR告知

（3）収蔵資料・資料管理・保存

旧長崎県立美術博物館の江戸時代以前の美術作品・歴史資料群，旧長崎市立博物館が収蔵していた資料群，県立長崎図書館のコレクション群の３館の資料群から構成されており，収蔵資料点数は約８万1000点である（2020年１月現在）。

指定文化財も相当数所蔵しており，たとえば安政２年「日蘭条約書」，長崎奉行所関係資料（1242点）など国指定重要文化財のほかに，青方文書（長崎県指定文化財），紙本著色南蛮人来朝図之屏風（国指定旧重要美術品），上野彦馬使用写真機（日本化学遺産），シーボルトのカメラ（専属絵師）と呼ばれた川原慶賀筆による唐蘭館図など，特色のある収蔵品が多い。

長崎歴史文化博物館（分館である「旧香港上海銀行長崎支店記念館および長崎近代交流史と孫文・梅屋庄吉ミュージアム」資料を含む）と長崎県美術館に収蔵されている全資料の一括検索がデータベース（インターネット上）で可能である。

また，収集に関する基本方針が定められており，以下の条件を満たす資料が収集・収蔵される。

寸劇ボランティア

収蔵資料点数：長崎県所有の資料は約４万8000点，長崎市所有の資料は約３万3000点であるが，毎年増加傾向にある。

基本方針：「長崎県美術館及び長崎歴史文化博物館に収蔵する資料の収集に関する要綱」と「長崎歴史文化博物館の資料取得に関する要綱」で詳細に規定されている。

> ・長崎の海外交流史に関する資料
> ・近世長崎の美術作品・工芸作品
> ・長崎奉行所に関する資料
> ・長崎文化に関する資料

当然のことながら，全国の博物館関係機関への収蔵品資料の貸出も多い。このほか，情報時代を反映してか，当館が所有する画像貸出の貸出も多く，年間500〜600件の画像データを博物館・行政・マスコミ・出版・教育関係に貸し出している。

脆弱な歴史資料や劣化がひどい資料は，博物館の保存修復の専門家が毎年修復・修理を行っている。

（4）展示活動

博物館機能のうち，常設展示は博物館の顔であり，最も注目を集めるところである。長崎歴史文化博物館の常設展示は「歴史文化展示ゾーン」と「長崎奉行所ゾーン」に大別される（図11.2）。

「歴史文化展示ゾーン」を構成するストーリーは８つのエリアに分かれ，「西洋との出会い」から始まり，「朝鮮との交流」を経て，中国やオランダとの貿易で賑わう長崎を紹介し，蘭学をはじめとする「知の都」から近代へ移る道のりを時間軸にそって示している。

常設展示のほかに，特別展を年４～６本開催し，開館以来2020年までの15年間に83本の特別展を開催している。特別展のテーマは「歴史」だけでなく，文化・宗教・科学産業・自然史・偉人・外国資料（中国・エジプト・オランダなど）に及んでいる。

（5）教育活動

展示と同様，教育活動は博物館機能の要である。主として当館の博物館教育は，「一般向け・学校向け・子供向け」の３つの対象層に分けて実施している。

一般向け事業は，成人を対象とした教育プログラムである。長崎県の歴史・文化について理解を深めるため，「れきぶん長崎学講座」を定期的に開催している。これは初級レベルの「スタンダートコース」と上級クラスの「エキスパートコース」に分けて実施しており，初級を終えた参加者は次の上級レベルに挑戦す

修復作業の様子　美術工芸品（掛軸・屏風）の剥落止めや裏打ちや古文書の裏打ち，脱酸処理などを行っており，2017年度の実績では美術工芸品は７件25点，2021年度の実績で11件28点，古文書修復は2017年度実績42点，2021年度実績71点である。時間がかかる作業なのでそれほど点数は多くないが，継続的に複数年計画で修復を実施している博物館は日本でも珍しい。

展示ゾーン：建築面積5091m²，延床面積13,309m²で，常設展示室1273m²，奉行所展示室380m²，立山役所494m²，企画展示室1030m²。

最多来館者：2010年に開催した「長崎奉行所・龍馬伝館」で，約46万人の来館者を迎えた。

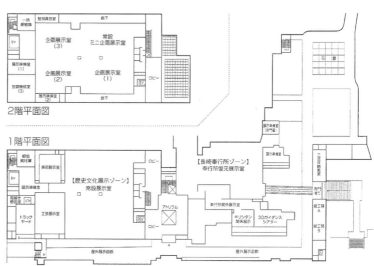

図11.2　長崎歴史文化博物館のゾーニング

るという動機づけになり，上昇志向を促すためなかなか好評である。このほかにも保存修復や博物館に関する「文化財セミナー」「これから始める古文書講座（初級）」と「もっと読みたい古文書講座（中級）」「スタディツアー（年1〜2回，平戸と南島原など）」を実施している。講師は博物館の研究員と外部の客員研究員などである。

これらの講座のほかに，学校向けの教育活動として「パートナーズプログラム」がある。これは博学連携の一環として2カ月に1回学校教員を対象とした研修会を開催し，当館を利用するための授業の実践方法について情報交換を行うプログラムである。そのほかにも，博物館から学校に向けてテレビ会議システムを利用した「遠隔授業」を行っている（長崎県は離島が多いため）。

子ども向け事業は，幼児から小学生を対象に，「はくぶつかんのおはなし会」「れきぶんこどもクラブ」「こども茶道クラブ」を行っている。そのほかにも伝統工芸体験（陶芸，べっ甲，ステンドグラス，染め，銀細工，長崎刺繍），夏休みには工作や自由研究に生かせる講座など，多彩なプログラムを用意している。

また博物館は「職場体験」の場として中学生から大学生まで，県内の生徒・学生によって活用されている。短い職場体験は3日，長い場合は2カ月くらいの期間にわたってインターン生として博物館の業務を経験する大学生もいる。こうした活動も地域に根差した博物館の表れであろう。このほか，学芸員課程を履修している大学生向けの博物館実習や不定期であるが外国からのインターン生も受け入れている。

展示解説の様子 博物館と学校が連携した学習として，展示物を解説している教育担当の研究員

（6）調査研究

博物館の調査研究は，学術論文を執筆するのが主目的ではなく，常設展示や特別展の準備過程において所在調査や作品調査，資料研究を行うことが多い。

長崎学に関する研究は当館の研究員のほかに，研究プロジェクトチームを結成してチーム全体で研究する場合もある。近年に実施した調査研究事業では，長崎の美術工芸に関する研究（隠元禅師，黄檗文化など），川原慶賀が描いたと思われる長崎港の屏風の海外資料調査（オランダライデン国立民族学博物館），ユネスコ世界記憶遺産登録資料に関する海外調査（韓国・釜山市），日中・日朝・日蘭交流史などである。

調査研究は当館の研究員（学芸員）だけで推進するにはマンパワーが足りない面もあるため，客員研究員制度を設け，外部の研究員と共同研究できる環境も整えている。

（7）今後の課題

博物館の運営は常に現在進行形であり，完成した終結の姿はない。何かが終われば，また新しい課題が出てくるのが，博物館の常である。2022年で17周年を迎えた博物館であるが，課題はさまざまである。そのなかでも２点に絞って課題を述べる。

① 国際交流・国際広報の充実

長崎は観光都市であるため，博物館の訪問客は海外からも多い。多言語化よる展示解説やウェブサイトの充実を図り，外国人増加に対応して多言語化を対応していくことが課題である。国際交流（海外広報，外国人来館者対応，海外博物館・大学との交流推進）や館内の英語・中国語・韓国語・フランス語・オランダ語などの表記の充実が求められている。

② 世界遺産と無形文化遺産・郷土資料の研究・保護・活用

長崎県には２つの世界遺産が存在する。しかし，長崎の「世界遺産」に関しては博物館では「海外交流史」というテーマ性の観点から取り扱いが十分ではないのが現状である。いっぽう，長崎の「くんち」は385年以上続いている祭り（神事）で，「長崎くんちの奉納踊」は国の重要無形民俗文化財ともなっているが，この種の無形文化財は当博物館の中心テーマではない。

開館当時は「世界遺産」の登録もなく，「海外交流史」を博物館のコンセプトとしていたため世界遺産は対象外であったが，開

調査研究：もちろん展示準備の成果として，最終的には論文の形で『研究紀要』に執筆・投稿することもある。

外国人来館者数：2019年４月から2020年３月までの間，訪問客が多かった国は，なかでも中国（1700人），アメリカ（345人），韓国（265人），フランス（185人），オランダ（159人）であったが，ドイツ・イギリスからの来館者も多い。2019年度は世界66カ国から個人客が3500名，団体も同じくらい入館している。

長崎県の世界遺産：「明治日本の産業革命遺産」（ユネスコ登録2015年）と「長崎と天草地方の潜伏キリシタン関連遺産」（2018年）。

館15年も経過し，時代や社会情勢も変わりつつあるため，博物館自体のあり方・研究機能・常設展示テーマを考え直す時期にきている。

　長崎歴史文化博物館は長崎県の中核施設として位置づけられているため，その意味では，将来的に，世界遺産（不動産資料）も無形文化財（無形の郷土資料）も主題として取り扱い，展示・教育・研究などの業務に含めて考えていく必要がある。

（8）博物館の評価と地域波及効果

　上記のような課題はあるものの，最後に博物館の評価と地域波及効果について述べておきたい。長崎歴史文化博物館の開館によって地域の経済波及効果と同時に，経済効果以外の地域波及効果もみられる。こうした地域波及効果は文化振興・生涯学習の点から高く評価されている。文化関連産業が創出され地域社会に新たな可能性が生まれたこと（文化的効果），地域固有の資源が見直され，町おこしの動きが周辺地域に広がっていること（資源的効果），技術開発やベンチャービジネスなど新たな事業を生み出していること（技術的効果）などが評価されている。このほか，長崎県人としてのアイデンティティや誇りが形成されること（モラル的効果），県の中核的施設として各地域の歴史文化施設・博物館と連携することによって各地域の魅力づくり・地域ブランド力向上に寄与していること（政策的効果）も無視できない波及効果の１つである。

経済波及効果：(財)ながさき地域経済研究所の経済波及効果の分析によれば，開館（2005）後１年間の経済波及効果は87億円（県・市の負担金は２億2100万円），2006年は76億円（県・市負担金３億4200万円），2007年は概算値80億円(県・市負担金３億4800万円)と試算している。

2　島根県立古代出雲歴史博物館

（1）設立の経緯―荒神谷遺跡の発掘と古代出雲文化展―

　島根県立古代出雲歴史博物館（以下，出雲歴博）は，島根県出雲市大社町のまさに出雲大社のすぐ隣，北山山系の弥山の麓に存在する。出雲歴博がオープンしたのは2007年３月であるが，その前史を述べておきたい。

　島根県の文化財行政は1970年代までそれほど重視されてこなかった。そのような状況が大きく変わるのが1980年代以降である。

1984年7月出雲市斐川町の荒神谷遺跡から358本の弥生時代の銅剣が出土した。銅剣の出土数では国内最多であった。翌年，同遺跡から今度は銅鐸6個，銅矛16本が出土した。こうして，出雲は大量の青銅器が出土する場所として全国的に注目を浴びることになった。

　1989年に発足した「島根古代文化活用委員会」は，情報発信の前提としてしっかりとした研究拠点を設置すること，県外で島根の古代文化をテーマとした展覧会を開催することなどを知事に提言した。

　この提言を受けて，1992年に松江市に古代文化センターが設置され，島根の古代文化にかかわる基礎的な研究がスタートし，1997年には東京・大阪・島根の3会場において古代出雲文化展が開催された。この古代出雲文化展については，前年に雲南市の加茂岩倉遺跡から全国最多の39個の銅鐸が出土したこともあって，3会場で45万人もの来場者を記録し，島根の古代文化に対する関心の高さを内外に印象づけた。

　翌年，島根県は「(仮) 島根県立歴史民俗博物館・古代文化研究センター基本構想検討委員会」を設置し，同委員会によって基本構想が策定され，古代文化を中心とした島根県の歴史と文化を調査研究し，その成果を内外に情報発信していく施設を建設することが確認された。

　この基本構想において，「島根県立歴史民俗博物館」に加えて「古代文化研究センター」という名称が加えられた理由は，博物館における調査研究機能の充実化を図ったためである。「歴史民俗博物館」と「古代文化研究センター」とは一体として整備されるべき施設であった。

　ところが，激しい誘致合戦が繰り広げられ，2001年，当時の知事の判断により，博物館の展示部門である「歴史民俗博物館」は出雲西部の大社町に，博物館の調査研究部門である「古代文化研究センター」は松江市に設置されることとなった。

　その後，「古代文化研究センター」のほうは島根県の財政状況が必ずしも良好ではないので，建設は見送られ，島根県教育庁文

銅剣

化財課の内室として古代文化センターが存続し今に至っている。

「歴史民俗博物館」の正式名称は，「島根県立古代出雲歴史博物館」（歴博）となり，2003年に工事に着手し，2005年には指定管理者が選定され，2006年に組織配置と職員配置が行われ，2007年3月10日に開館した。

博物館全景

（2）博物館の運営形態

島根県教育委員会の出先機関である出雲歴博では指定管理者制度が導入されているが，総務・学芸部門は県の直営である。指定管理者は施設管理や接客・広報・誘客を担当する，いわゆる「島根方式」である。

島根方式：実態の検討については，金山喜昭「設置者と指定管理者が業務を分担する指定管理館」『博物館と地方再生―市民・自治体・企業・地域との連携―』同成社，2017年を参照。

出雲歴博の学芸員は島根県の県職員であるが，注意すべきは，古代文化センターの研究員を兼ねているという点である。すなわち，出雲歴博と古代文化センターとの関係でいえば，前者を本務とし，後者を兼務している学芸員と後者を本務とし，前者を兼務している研究員とが存在している。この事実は，出雲歴博の展示の前提として古代文化センターにおける調査研究が重要な位置を占めていることを示す。

指定管理者であるミュージアムいちばたは，共同企業体である。出雲歴博は，さまざまな出身母体の職員により構成されている点に注目する必要がある。

（3）展示の特色―研究成果を生かした展示

① 常設展示

出雲歴博のエントランスホールにおける総合受付カウンターでチケットを購入して中央ロビーに足を踏み入れると，最初に目に入ってくるのが2000年に出雲大社境内遺跡から出土した鎌倉時代の出雲大社本殿の3本の宇豆柱である。

来館者は，その大きさに驚き，古代出雲に思いをはせる。このあと，来館者は自身の興味関心にそって，「テーマ別展示室」「総

表11.2　島根県と指定管理者との主な業務分担

業務区分	業　務　の　概　要			運営主体
博物館経営	博物館事業運営計画の策定・進行管理			島根県（館長）
運営	学　芸	資料管理	資料の収集・管理・調査研究等	島根県
		展示企画	企画展・特別展等の計画・実施	
	交流・普及	普及等企画	専門性を生かした交流普及活動の計画・実施	
		学校連携	学校の授業等と連携した交流普及活動	
		イベント等	博物館活動への理解・関心を深めるための イベント等の計画・実施	指定管理者
		協力組織支援	パスポート会員管理	
		情報システム	システムの保守管理、ホームページの運営、 ＳＥの雇用	
	総合案内	料金収入事務	観覧料の徴収・管理	
		総合案内	来館者の受付・総合案内・展示管理	
	利用促進	広報	企画展・特別展の広報、博物館活動の広報	
		誘客	誘客計画の策定・実施	
施設管理	警　備		建物および敷地内の警備（巡回、緊急時対応）	
	清　掃		建物および敷地内の美観、衛生維持	
	施設管理		建物設備の点検、小規模な施設・設備修繕	

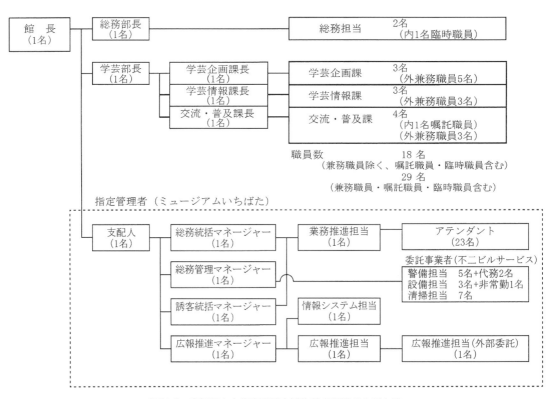

図11.3　島根県立古代出雲歴史博物館の組織および人員

出所：「島根県立古代出雲歴史博物　平成29（2017）年度年報」上図5頁，下表6頁

128

合展示室」「神話回廊」のいずれかに誘われることになる。

　まず「テーマ別展示室」であるが，この展示室では島根の古代文化のなかから特徴的なテーマを3つ選んで展示している。それは「出雲大社と神々の国のまつり」「出雲国風土記の世界」「青銅器と金色の大刀」である。島根の古代文化活用の必要性を考えさせる契機となった荒神谷遺跡の銅剣・銅矛・銅鐸や加茂岩倉遺跡の銅鐸は，この「青銅器と金色の大刀」で展示されている。

　常設展示案を構想するにあたっては，古代文化センターや島根県埋蔵文化財調査センター，さらには島根県教育庁文化財課の職員によるワーキングチームが発足し，何度も検討を重ねた。そして，単なる通史展示ではなく，島根の古代文化に関わる展示を構想した。

復元された古代神殿

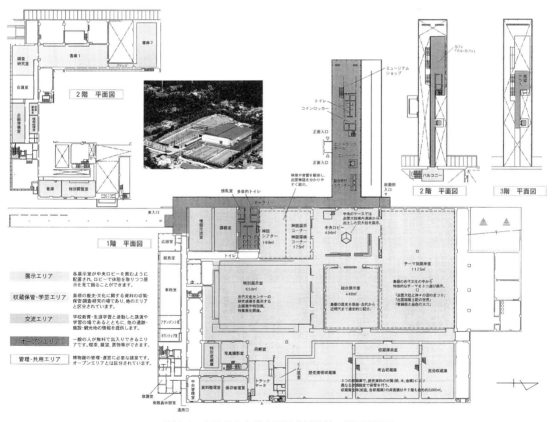

図11.4　島根県立古代出雲歴史博物館の展示配置図

出所：「島根県立古代出雲歴史博物　平成29（2017）年度年報」63頁

しかし，島根県の博物館である以上，古代だけではなく中世以降の島根県の歴史についても配慮すること，また，島根県を構成する旧国として，出雲だけではなく石見・隠岐の歴史にも言及することが求められた。そのため島根の歴史を原始・古代から近現代まで通史的に紹介する総合展示室が用意された。

　また，島根県は，『古事記』や『出雲国風土記』に個性豊かな神話が残る。そこで，「神話回廊」のコーナーを設け，神話シアターにおいて『古事記』や『出雲国風土記』の神話をドラマ仕立ての映像で公開している。

　ここで確認しておきたいことは，このような展示の原案は，古代文化センターにおいて行われた共同研究の成果をふまえていることである。共同研究の場において，どうしても統一見解が出ないことがあった。その場合，複数の説を提示し，来館者に問いかけるといった展示を行った。「出雲大社と神々のまつり」のコーナーの鎌倉時代の出雲大社の復元模型である。それは，５人の建築史の研究者による鎌倉時代の本殿の復元模型である。

　このような展示の前提としての研究のほかに，開館当初の学芸員は，展示に対するノウハウを蓄積していた。のちに出雲歴博の学芸員となる古代文化センターの研究員が，島根県立美術館が開館したあとも存続していた島根県立博物館の学芸員を兼務して，島根県立博物館の展示室を使って，島根の歴史文化にかかわる展示を行っていたのである。この展示は，出雲歴博における展示のいわば，「予告編」としても有効であった。

　出雲歴博では常設展示室の入場者数が特別展示室のそれを上回っている。この事実は，他館に比べ常設展示室の魅力が高く，常設展示室を目当てに来館する個人や団体の来館者が多いことを示している。

　県内の来館者をリピーターとするための仕掛けとして，注目すべき点は，常設展示の内容を一部変化させている点である。

鎌倉時代の神殿の復元模型

テーマ別展示室の「出雲大社の神々のまつり」のコーナーから「出雲国風土記の世界」のコーナーへと向かう途中において，「神在月」など季節にちなんだミニ企画を行っている。

② 企画展・特別展・特集展

出雲歴博において常設展示以外の展示としては，古代文化センターにおいて研究したテーマを展示する「企画展」，歴博独自の企画，全国巡回展を展示する「特別展」，館蔵品や寄託品を中心とした規模のやや小さい「特集展」などがある。2007年3月の開館記念特別展「神々の至宝―祈りのこころと美のかたち―」以来，2017年3月の開館10年の期間で大小54本の展覧会が開催された。

54本の展覧会：的野克之「島根県立古代出雲歴史博物館10年のあゆみ」『島根県立古代出雲歴史博物館　平成29（2017）年度年報』島根県立古代出雲歴史博物館，2018年。

企画展の開催に先立つ準備研究を古代文化センターで実施する期間は3年間であり，担当者は古代文化センターの研究員として必要に応じて共同研究を組織する。その際に任期制の特任研究員を採用する場合も多い。3年後，担当者は古代文化センターから出雲歴博へ異動し，企画展の担当学芸員として展覧会業務を遂行するというサイクルになっている。

企画展の開催に際しては図録が作成されるが，それとは別に古代文化センターのテーマ研究としての調査研究報告も刊行される。企画展は，1年間に2本のペースで開催される。つまり，古代文化センターでは，4年後の企画展に向けて毎年2つずつ新しいテーマ研究がスタートするわけである。

テーマ研究および企画展の内容は，島根の古代文化にかかわるものが多いが，狭い意味での出雲地方の原始・古代に限定されるものではない。相撲や神楽などのちの時代の人々の生活にかかわる古代文化も研究や展示の対象となる。

特別展においては，石見や隠岐にかかわる展示を行い，地元を走る一畑電車を取り上げた展覧会や石見銀山をテーマとしたもの，中国5県の仏教美術をテーマとしたもの，京都の職人の仕事を紹介したもの，滋賀県の仏教美術にかかわるもの，琉球王国を中心とする沖縄県の文化財，中国寧夏の岩画など県内外や海外の文化財にかかわる展覧会も実施してきた。

また，2012年の「古事記1300年」の年には，京都国立博物館と共同で特別展「大出雲展」，東京国立博物館と共同で特別展「出雲―聖地の至宝―」を開催し，2020年には東京国立博物館を会場に東京国立博物館や奈良県と共同で「出雲と大和」が開催される。

　出雲歴博は，島根の古代文化をメインにすえた歴史系の博物館であると同時に，島根県全域に対する県立の博物館として果たすべき役割がある。そのような点をふまえ，改めて過去に実施された出雲歴博の企画展や特別展，特集展をみていくと，島根の個性を発揮しつつ，来館者層やニーズを考えバランス感覚をもって用意されていることがわかる。

（4）今後の課題

　第2項「博物館の運営形態」で記したように，出雲歴博は，さまざまな出身母体，多様な勤務形態をもつ職員の集合体である。したがって，他館以上に高度なマネージメントが必要とされる。具体的には，現状把握と調整能力である。

　このときに，どのような観点からの現状把握であり，調整でなくてはならないのか。県直営の業務と指定管理者が担当する業務，それぞれの強みと弱みを把握しつつ，両者の強みを最大限に引き出して博物館力を高めていくための現状把握であり，調整でなくてはならない。

　そのすべてを館長一人が担うことは困難であろう。そこでアドミニストレーションの担当者が必要とされる。

　しかし，アドミニストレーションの業務を担当する際に注意すべき点は，コンプライアンスを遵守しつつ，発注する側の地方自治体の立場に立ってその論理のもとに調整を行うだけではなく，利用者，納税者の立場に立つという視点が必要とされる。また，調整のための協議に多くの時間を費やさざるを得ないという点をふまえるならば，できれば，館長や総務部長のほかに別途アドミニストレーションを専従で行う職員の配置が望ましい。

　関連して，博物館を構成する職員の意識改革についてもふれておきたい。出身母体の違う職員が1つの組織を構成する場合，お

アドミニストレーション：博物館におけるアドミニストレーションとは，経営管理機構・組織の全般的管理を行うことをさし，財務・法律・人事管理などを含み，トップ・マネージメントとも呼ばれる。

互いの立場・慣習などが問題になる。また，本来の自分自身の業務以外に過度の業務の遂行を求められることに対する警戒感もある。もちろん，職員の能力に応じて適切な職務分掌を設定する必要があるが，「それは本来の自分の仕事ではない」という線引きを行うべきではない。

博物館の業務の多くは相互に関連性をもっている。たとえば，出雲歴博の場合，広報誘客や接遇は指定管理者が中心となって行うべき業務であろう。しかし，広報誘客や接遇は何のために行われているのか。それは博物館における展示と密接に関係している。

博物館の1つひとつの業務をそれだけで自己完結したものと捉えることはできない。相互に連続している点をふまえると，指定管理者がメインの業務であってもときに学芸員が協力しなければならない点が出てくる。

とはいえ，出雲歴博の学芸員は多忙である。学芸員の増員が望ましいものの，現状では財政的にも困難である。一案として，島根県において，いまだ十分に能力を発揮する機会が与えられていない地元の地域史研究者や中学・高校の教員のOBなど豊富な人的資源をアソシエイトフェローとして活用する方法などが想定できる。学芸員は，これらの人材が能力を発揮できるような場を提供し，コーディネートしていくことで博物館の業務の充実化を図ることができるのではなかろうか。

出雲歴博には，潜在的な能力を有する職員が多い。たとえば，指定管理業務のなかで重要な位置を占める来館者への接遇については，出雲歴博のアテンダントは全国的にみてもきわめて高いレベルにある。大学へ博物館実習の外部講師として招請された実績もある。

こういった人的資源とコレクションについて，開館10年を契機に改めて見つめ直し，出雲歴博の強みを再発見することが，次の10年間を乗り切っていくうえで必要になるのではと考える。

博物館実習の外部講師：森田喜久男「博物館実習における学内実習についての提言―『学芸員としての接遇』プログラムの必要性について」『淑徳大学人文学部研究論集』4，2018年。

《課題》・・・・・

　ここで取り上げたように、あなたも博物館を訪問・見学し、1館まるまる事例研究してみましょう。まずは、行ってみたい・調べてみたい博物館をピックアップしてリストをつくってみましょう。

　観覧時には博物館の『研究紀要』や『年報』を入手して、展示だけでなく、研究活動や運営状況など、裏方の世界を覗いてみましょう。

12 博物館での実習内容

1 館園実習とは何か

　学芸員資格を取得するために必要とされる授業科目は「博物館法施行規則」第1条及び第2条に定められ，講義形式のものと実習形式のものとに分かれている。前者は生涯学習論・博物館概論などがあり，後者は博物館実習という科目が定められている。

　博物館実習は大学内で資料の取り扱い方や展示の仕方を学ぶ「学内実習」と実際に博物館の現場でインターンとして実務を学ぶ「館園実習」からなる。自動車の免許でいえば，前者は教習所内での教習，後者は路上教習に相当すると考えればイメージしやすいであろう。

　一般的に100の博物館があれば，100通りの運営に対する考え方があり，必ずしも教科書どおりに運営がなされているかけではない。館園実習では，教科書に記載されている平均的な博物館像と実際の博物館運営の現場との相違点を体験的に学びうる点に大きな意義がある。博物館での実習中はもちろん，その後にあっても「なぜなのか？」という問いかけを発することで，博物館に対する理解は各段に深まる。

　この博物館実習については，文部科学省が『博物館実習ガイドライン』（2009年）という基準を示している。学生を受け入れる博物館（以下，実習生）もかれらを送り出す大学もこのガイドラインに従って実習プログラムが組み立てられ，運営されているので，実習前に一読することをお勧めする。

　館園実習の期間は最低でも5日間以上の実施と定められているが，おおむね1週間から10日間程度としている博物館が多い。時期は夏休み前後に集中している。

　また，実習であるから，講義形式のように大勢の学生を受け入

昔から「習うより慣れろ」というからな。

博物館実習ガイドライン：文部科学省のウェブサイトで全文を閲覧可能。http://www.mext.go.jp/b_menu/shingi/chousa/shougai/014/toushin/__icsFiles/afieldfile/2009/06/15/1270180_01_1.pdf

れることは困難である。博物館の規模によってさまざまであるが，およそ5～10人程度の受け入れが一般的である。したがって，応募者が多数いた場合には必ずしも希望する博物館で実習できるわけではない。

実習年の前年度末（2～3月）ごろに募集要項が各大学に送付される。それに基づきながら実習応募のための所定の手続きを行う。受け入れ先の博物館において，応募学生の大学での成績・応募動機・事前課題レポートの内容・面接の結果などを加味して受け入れの可否が決定されるので，普段の授業への取り組み姿勢が重要である。

2　館園実習の内容とは

博物館によって実習プログラムは千差万別である。内容は大きく講義・見学形式と実務体験形式の2つに分けられる。

前者の「講義・見学形式」は，館内の業務に早く慣れるよう実習プログラムの前半に設定されることが多い。

講義形式の内容は，その博物館の概要や歴史などの基本事項について，また，取り扱う資料分野や展示についての専門的基礎知識などである。

見学形式の場合は，展示室などの一般利用者が出入りする一般開放ゾーン見学と収蔵庫などのバックヤード見学からなる。

前者について，展示室の工夫など一来館者として何気なく見学していただけでは見逃していたことも，実際に博物館職員からの説明を受けることで，新たな「気づき」の機会が得られる。

後者のバックヤード見学はまさに館園実習ならではといえる。バックヤードは通常の利用者は立ち入ることのできない空間であり，それが見学できるのはまたとない好機である。資料保管のための工夫について，実地に学ぶことのできる最良の機会である。

実習プログラムの中・後半には「実務体験形式」が割り当てられる。受付・案内・展示解説・普及事業の補助等をはじめとした一般利用者との交流体験，実物資料の整理体験・梱包体験などのコレクション関係の体験，展示パネル作成・展示企画立案・展示

設営の展示体験などが具体的には挙げられる。とくに，一般利用者との交流や実物資料に直接触れられるのは博物館の現場でしか得られない体験であり，大きな価値があるといえよう。

　近年では，利用者の動線調査・アンケート調査と結果入力作業など，博物館評価にかかわる実務を体験し，館運営の課題について体験的に学ぶ機会を設けるところもある。さらに，広報物・図録などの発送準備，倉庫の片付けなどを課す場合もあり，これも博物館の重要な業務である。

　実習の最後に総括として，館員を交えた討論会がある。ちょうど館務の基礎に慣れたころにお別れをしなければならないわけで，実習生・博物館員双方にとって一抹の寂しさを覚える瞬間でもある。

3　館園実習受講にあたっての注意点とは

　実習期間中は，その博物館の職員に準ずる立場であるので，次の諸点に注意をする必要がある。

■博物館であるから資料取り扱いにふさわしい恰好・身なりをすること。また，受付や展示解説実習のある日には，ある程度，フォーマルな服装が要求されることも押さえておきたい。

■一般利用者からは実習生と館職員との区別は存在しない。いわば博物館の顔という立場になるので，社会人としての基本的な言葉遣い，礼儀作法，コミュニケーション能力が求められる。

■博物館での業務は基本的にチームワークである。積極的な態度と協調性が求められる。

■実習期間中は毎日，各大学所定の実習日誌の記入が課される。これは実習内容の記録であるとともに，実習生が何に気づき，どのように考えたのかをまとめるためのものである。公的な文書という自覚をもち，第三者に読まれることを前提とした表現内容が求められる。誤字・脱字を避けるのはもちろんのことである。

■博物館はプライバシーの宝庫でもある。とりわけバックヤードの情報などをはじめむやみに実習内容をSNSにアップするこ

館園実習の注意点：宮瀧交二「大学・短期大学における学芸員養成の現状と課題」『博物館研究』571，2016年は実習受講にあたっての注意点をわかりやすく述べている。実習前に必ず一度は目をとおしてほしい。

個人プレーではなく，基本はチームワークだぞ！

とは厳に慎まなければならない。

■実習を受け入れる博物館はいずれも忙しい業務をぬって特別に応対している。このことを念頭におきながら，実習期間中は何事も積極的に取り組む姿勢が求められる。実習終了後はお礼状を忘れないように。

■「一人でも多くの博物館ファンを育てたい」が実習受け入れ博物館の心からの願いである。実習終了後にはその博物館のよき応援団になってほしい。

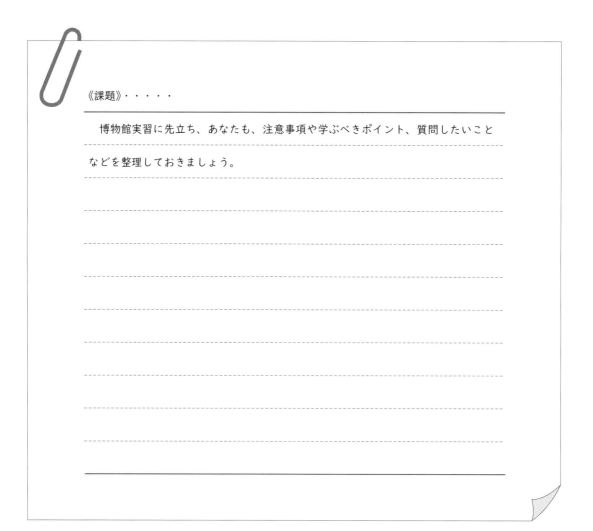

《課題》・・・・・

　博物館実習に先立ち、あなたも、注意事項や学ぶべきポイント、質問したいことなどを整理しておきましょう。

特論4
人生設計と博物館キャリア設計のために

1　学芸員として就職するためには

　本書の読者の多くは博物館への就職，とりわけ学芸員としての就職を希望されているであろう。あらためて記すまでもなく，学芸員になるためには学芸員資格の取得が前提となる。資格の取得にたっては，大学において必要とされる博物館科目の単位を修得すること，もしくは文部科学大臣が実施する資格認定に合格することが求められる。

　だが，「学芸員資格の取得」と「博物館への就職」とは必ずしもイコールで結ばれない。学芸員資格の取得は必要条件ではあるものの，十分条件とはいえないからである。

　では，どのような条件が必要とされるのであろうか。「博物館法」第4条では，学芸員とは博物館資料の収集・保管，調査・研究，展示等を司る専門職であること，いわば資料のプロフェッショナルであると定められている。そのためには，専門学術誌に論文を発表する，もしくは専門学会で学術報告を行い得ることが求められる。人文系の博物館の学芸員として就職するためには，大学院に進学し，歴史学・考古学・民俗学・美学美術史等の専門分野についてより深く学ぶのが一般的である。

　インターネット上では，「学芸員就職課」のように全国各地の博物館の公募情報を紹介するポータルサイトがある。また，近年，とくに公立博物館では過去の公募試験問題を公開しているところもあるので，随時，これらを閲覧・参考としながら，どのような資質・能力がそれぞれの博物館で求められているかを把握するとよいであろう。

2　博物館の現場・事業にかかわるためには

　博物館は学芸員だけでなくさまざまな職種・職業の人々がかかわりながら運営されている。仮に学芸員資格がなくとも，博物館で勤務，もしくはその事業にかかわることは十分に可能である。

　たとえば，公立博物館において普及事業担当の職員の場合は学校教員が，各種事務手続きを行う総務関係の職員の場合は一般の公務員がそれぞれ割り当てられるケースが多い。前者は学校教員であれば，後者は行政職の公務員であれば，人事異動に際し，博物館を配属先として希望することで，それがかなえられることもある。

　また，受付や展示案内をする解説員・アテンダント，展示の監視を行う監視員を設けている博物館もある。宇佐江みつこ『ミュージアムの女』（KADOKAWA，2017年）は，監視員の業務・日常を漫画

でわかりやすく紹介している。これら職種の採用にあたっては，専門性や学芸員資格の有無が問われないこともあるので，学芸員よりはハードルが低めである。ただし，非常勤であり，なおかつ任期が定められている場合も多く，この点は注意が必要である。

　博物館の職員でなくとも，その事業にかかわることは可能である。たとえば，資料輸送にあたっては専門の美術品輸送会社が担当し，図録の作成・編集は出版・印刷業者が担当し，ミュージアムショップやレストランはグッズ企画会社や外食産業が担当することが多い。一般の民間企業に就職したとしても，博物館の現場や事業に深くかかわる機会は十分にある。仮に博物館に勤務しなくとも，本書で学んだことが生かされる余地は十分にあるといえよう。

■小説のなかの博物館

『海の上の博物館』行田尚希（2015）KADOKAWA／アスキー・メディアワークス
　―新人学芸員の仕事ぶりをリアルに？―

　瀬戸内海に浮かぶ小島に建つ，市立の博物館。かつては金持ちの別荘だった洋館で，遠くからは海に浮かんでみえる。この美しい自然に囲まれた博物館を舞台に，臨時職員として働きはじめた新人女子・若菜や個性豊かな学芸員たちの奮闘，いわくつきの訪問客などドタバタぶりがおもしろく描かれる。もちろん架空の土地の架空の博物館が舞台だが，学芸員たちのおかれた立場，リアルな仕事ぶりには本音が交じっているのかもしれない。

〔山下治子〕

13 博物館定義の変遷と博物館学の歴史

1　博物館定義の変遷

　博物館はどのように定義されてきたのであろうか。本書の最後の章では，博物館の定義の変遷と，博物館学の歴史について学んでおこう。

　博物館は社会の発展に合わせて進化してきた機関である。またその進展に応じて博物館の定義，博物館を研究する学問（博物館学）も深化してきた。

　国際博物館会議（ICOM）という国際機関（NGO）が1946年に設立されて以来，ICOM は世界の博物館界の実情に合わせて，何度か博物館の定義を更新している。これからも世界の情勢に応じて定義を見直していくことであろう。

（1）国際博物館会議（ICOM）による定義
以下，ICOM 規約による博物館定義の変遷を概観する。

　①1946年
　［第2条—第2節］
　「博物館」という言葉には，芸術的，技術的，科学的，歴史的または考古学的資料（material）の，一般に公開されたすべてのコレクションが含まれ，動物園および植物園を含み，常設の展示室を備えている図書館も含む。
　②1956年
　［第2条—定義］
　ここでいう博物館とは，一般の利益のために運営される恒久的施設であって，様々な手段を用いて保護，研究，改良を行い，特に文化的価値のある資料（objects）や標本のグループを公衆の娯楽や教育のために展示することを目的とするものをいう。芸術的，歴史的，科学的，技術的なコレクション，植物園，動物園，水族館，常設の展示室を有する公共図書館および公共文書保管

機関は，博物館とみなされるものとする。

③1960年　ユネスコによる

［博物館の定義］

「博物館」とは，各種方法により，文化価値を有する一群の物品ならびに標本を維持・研究かつ拡充すること，特にこれらを大衆の娯楽と教育のために展示することを目的とし，全般的利益のために管理される恒久施設，即ち，美術的，歴史的，科学的及び工芸的収集，植物園，動物園ならびに水族館を意味するものとする。（博物館をあらゆる人に開放する最も有効な方法に関する勧告　第11回ユネスコ総会採択）

④1961年

［第2節―博物館の定義　第3条］

ICOM は，文化的または科学的に重要な資料のコレクション（collections of objects）を，研究，教育および娯楽の目的で，保存し，展示する恒久的な施設を博物館として認識する。

［第4条］

この定義には以下が含まれる。

　a．公共図書館が恒久的に維持している展示室および公文書館のコレクション

　b．歴史的建造物，歴史的建造物の一部，またはそれらに付随するもの，たとえば，大聖堂の宝物庫，歴史的，考古学的，および自然遺跡で，公式に公開されているもの

　c．植物園，動物園，水族館，生態動物園，その他生きた標本の展示施設

　d．自然保護区

⑤1974年

［第2節―定義　第3条］

博物館とは，社会とその発展のために奉仕する非営利の恒久的施設であり，一般に公開され，研究，教育，娯楽の目的で，人間とその環境の物質的証拠（material evidence）を取得し，保存し，研究し，伝達し，展示するものである。

［第4条］ICOM は，上記の指定された博物館に加えて，以下のものが上記の定義に適合することを認める。

　a．図書館・アーカイブセンターによって恒久的に維持されている保存機関および展示室

　b．自然，考古学，民族誌的な記念物・遺跡。歴史的記念物・遺跡を取得し，保存し，伝達活動をするための博物館的性格を持つ施設

　c．植物園，動物園，水族館，生態動物園など，生きた標本の展示施設

　d．自然保護区

e．サイエンスセンターおよびプラネタリウム

⑥1989年

［第2条―定義］

　博物館とは，社会とその発展のために奉仕する非営利の恒久的施設であり，研究，教育，娯楽の目的で，人間とその環境の物質的証拠（material evidence）を取得し，保存し，研究し，伝達し，展示する，一般に公開された施設である。

　a．博物館に関する上記の定義は，当該機関の運営組織の性質，地域的特徴，機能的構造，またはコレクションの方向性に起因するいかなる制限もなく適用されるものとする。

　b．「博物館」として指定された機関に加えて，以下のものがこの定義の目的上，博物館として適格である。

　　ⅰ）人間とその環境に関する物質的証拠を収集，保存，伝達する博物館的性質を有する自然，考古学，民族誌的記念物および遺跡，歴史的記念物および遺跡

　　ⅱ）植物園，動物園，水族館，生態動物園など，植物や動物の生きた標本を収集し，展示する機関

　　ⅲ）サイエンスセンターおよびプラネタリウム

　　ⅳ）図書館やアーカイブセンターが恒久的に維持する保存機関および展示ギャラリー

　　ⅴ）自然保護区

　　ⅵ）諮問委員会の助言を得た上で，執行委員会が，博物館の特性の一部または全部を備えている，あるいは博物館学の研究，教育，研修を通じて博物館および専門の博物館職員を支援しているとみなすその他の機関

⑦1995年

［第2条―定義］

　1．博物館とは，社会とその発展のために奉仕する非営利の恒久的施設であり，研究，教育，娯楽の目的で，人間とその環境の物質的証拠を取得，保存，研究，伝達，展示する，一般に公開された施設である。

　a．博物館に関する上記の定義は，当該機関の管理組織の性質，地域的特徴，機能的構造，またはコレクションの方向性に起因するいかなる制限もなく適用されるものとする。

　b．「博物館」として指定された機関に加えて，以下のものがこの定義の目的上，博物館として認められる。

　　ⅰ）人間とその環境に関する物質的証拠を収集，保存，伝達する博物館的性質を有する自然，考古学，民族誌的記念物および遺跡，歴史的記念物および遺跡

ⅱ）植物園，動物園，水族館，生態動物園など，生きた植物や動物の標本を収集し，展示する機関

ⅲ）科学センターおよびプラネタリウム

ⅳ）図書館やアーカイブセンターが恒久的に維持する保存機関や展示ギャラリー

ⅴ）自然保護区

ⅵ）国際的，国家的，地域的，地方的な博物館組織，本条の定義に基づいて博物館に責任を負う省庁，部署，公共機関

ⅶ）博物館および博物館学に関連する研究，教育，訓練，文書化およびその他の活動を行う非営利の機関または組織

ⅷ）諮問委員会の助言を得て，執行委員会が，博物館の特徴の一部または全部を有するとみなす機関，または博物館学の研究・教育・研修を通じて博物館および専門の博物館職員を支援するとみなすその他の機関

⑧2001年

［第2条―定義］

1．博物館とは，社会とその発展のために奉仕する非営利の恒久的施設であり，一般に公開され，研究，教育，娯楽の目的で，人間とその環境に関する物質的証拠を取得，保存，研究，伝達，展示するものである。

a．博物館に関する上記の定義は，当該機関の運営組織の性質，地域的特徴，機能的構造，またはコレクションの方向性に起因するいかなる制限もなく適用されるものとする。

b．「博物館」として指定された機関に加えて，以下のものがこの定義の目的上，博物館として認められる。

ⅰ）自然，考古学的，民族学的な記念碑や遺跡および人とその環境に関する物質的証拠を取得，保存，伝達する博物館的性質を持つ歴史的記念物および遺跡

ⅱ）植物園や動物園，水族館，ビバリウム（生態動物園・昆虫館）など，植物や動物の生きた標本を収集し，展示する施設

ⅲ）サイエンスセンターおよびプラネタリウム

ⅳ）非営利のアート展示ギャラリー

ⅴ）自然保護区

ⅵ）国際的，国内的，地域的または地方的な博物館組織，本条に基づく定義に基づいて博物館に責任を負う省庁または公的機関

ⅶ）博物館および博物館学に関連する保存，研究，教育，研修，文書化およびその他の活動

を行う非営利の機関または組織

viii) 文化センター，および有形・無形の遺産資源（生活遺産およびデジタル創造活動）の保護，継続，管理を促進するその他の団体

諮問委員会の助言を得て，執行委員会が，博物館の特性の一部または全部を有するとみなし，または博物館学の研究，教育，研修を通じて博物館および専門の博物館職員を支援するとみなしたその他の機関。

⑨2017年

［ICOM 規約［2017年6月改訂］第3条　第1項—定義］

博物館とは，社会とその発展に貢献するため，有形，無形の人類の遺産とその環境を，教育，研究，楽しみを目的として収集，保存，調査研究，普及，展示する，公衆に開かれた非営利の常設機関である。

⑩2022年

博物館は，有形および無形の遺産を研究，収集，保存，解説，展示する，社会に奉仕する非営利の常設機関である。博物館は，一般に公開され，アクセスしやすく，包括的であり，多様性と持続可能性を促進する。倫理的，専門的に，地域社会の参加を得て運営され，コミュニケーションを図り，教育，楽しみ，考察，知識の共有のために様々な体験を提供する。

2　博物館学の定義

「博物館学」研究は，いつ始まったのかという問いに答えるのはむずかしい。どこをスタート時点と捉えるかによっても答えは違うからである。ここでは，1970〜80年代に本格的な（現代的な意味での）「博物館学研究」が始まったとの前提で，1980年代に活発に行われた議論のなかから，いくつかの定義を拾ってみたい。

「博物館学の定義」については，『博物館学・美術館学・文化遺産学基礎概念事典』2022年，東京堂出版，677-700頁に詳しい。

■アンドレ・デバレ（André Desvallées）

「博物館学という言葉を，一般の人々とのコミュニケーションに使う言葉だけに適用したいのか，それとも自分たちの職業を実践するための研究や思想の分野全体に「博物館学」という言葉を適用するのかは，博物館関係者次第であろう」。

■アンナ・グレゴロワ（Anna Gregorova）

「博物館学とは，人間と現実との具体的な関係を，現実が具体的に現れていた，そして現在も現れている様々な文脈において研究することを主題とした，まだ構成されていない新しい科

学的学問であると私は考えている」。
- ■ジョセフ・A・スカラ（Joseph A. Scala）

  「博物館学は，今日の複雑な世界における博物館を理解するために必要な，美学的・ビジネス的・実用的・管理的・学術的・広報的な各機能の完全な研究と定義することができるだろう。博物館学は科学であろうか，それとも実践的な経験であろうか？　その両方であり，それ以上のものでもある」。
- ■クラウス・シュライナー（Klaus Schreiner）

  「博物館学とは，歴史的に成長した社会科学的な学問であり，自然や社会の中から選ばれた可動式の原物を，知識の一次資料として獲得，保存，解読，研究，展示する複雑なプロセスの法則，原理，構造，方法を扱うものであり，一般化され体系化された経験の助けを借りて，博物館の仕事や博物館のシステムのための理論的基盤を作るものである」。
- ■ズビネック・ストランスキー（Zbynek Z. Stransky）

  「博物館学または博物館理論という用語は，博物館という現象に焦点を当てた特定の研究分野の領域をカバーしている。この理論は過去にも現在にも発展しており，この理論を改善するだけでなく，特定の科学的な分野に移行させることを目的としたある種の傾向も見受けられる」。
- ■ジョルジュ・アンリ・リビエール（George Henri RIVIÈRE）

  「博物館学は応用科学，博物館の科学である。その歴史と社会における役割，研究と物理的保存の具体的な形態，展示，解説と普及，組織と運営，新しい博物館建築または博物館化，遺跡または選定された場所，博物館の類型学，職業倫理を研究すること」。

　多くの研究者が，それぞれの立場で「博物館学とは何か」を定義している。読者のみなさんも，「博物館とは何か」「博物館学とどのような学問か」，自分なりに考えてほしい。

3　博物館学の歴史

　上述したように，「博物館の定義」は進化し，「博物館学」の自己規定も進行中である。1970年代を仮に現代博物館学の起点とすれば，1980年代に活発に議論が行われ，2020年代初頭までの歴史を経て，博物館学は半世紀以上歩み続けてきたと言うことができる。他の学問領域に比べれば確かに歴史は浅い。

　しかし，1727年にライプツィッヒで出版された博物館の専門書『ムゼオグラフィア（Museographia）』を起点とすれば300年近く

の歴史があるし，また1753年の大英博物館の設立から見ても270年以上の歴史がある。『ムゼオグラフィア』では，「博物館の記述学」と定義しているように，これからも未来に向けて，博物館の姿は止むことなく変化し続け，その博物館を研究する博物館学という学問も変容していくことであろう。

　国際博物館会議の初代事務局長を務めたG. H. リビエールは1980年代に「博物館学」という学問を定義したが，おそらくこの定義が博物館学の精神であろう。彼の定義以前にもP. L. マーティン，エドワード・エドワーズ，ウィリアム・ジェボンズ，ウィリアム・フラワー卿などの学者や博物館館長が書いたいくつかの論文があったが，博物館使命，運営方法，博物館業務の具体的な技術を分析した最初の論文は，ジョージ・ブラウン・グッド（George Brown Goode）が19世紀後半の1895年に発表した論文『博物館管理の原則』が最初である。この論文には，博物館の定義と社会における役割，博物館業務の説明，コレクションの組織，建物，スタッフ，展示方法，カタログ作成などが含まれていた。約30年以上にわたって必須の参考文献であり続けた。

📖 『博物館管理の原則』：この全訳は日本語に訳されている。『博物館学・美術館学・文化遺産学基礎概念事典』東京堂出版，2022年，789–824頁に収録。

4　混乱しやすい「博物館学」という用語

　日本語で「博物館学」という場合，博物館学と博物館技術（または博物館実践学）に分ける場合がある。フランス語圏では，前者の「博物館学」をミュージオロジー（museology），後者の「博物館技術」または「博物館実践学」をミュゼオグラフィ（museography）と呼ばれているが，英語圏ではミュージオロジーという用語はほとんど使用されることはなく，ミュージアム・スタディズ（museum studies），すなわち「博物館研究」という用語が使用されている。

　フランス語圏やドイツ語圏でも「muséologie」という用語が誕生する前に，「muséographie」という用語が先に登場していたが，その両者の区別はついていなかった。英国人の博物館研究者デイビッド・マーレイ（David Murray）が1904年にまとめた『博物館—その歴史と利用』全3巻でも，museography という用語は使

われていたが，それは博物館学的文献，書誌的文献の意味で使われていた。

　「博物館学」という用語は，学問領域の名称というよりも，むしろ博物館業務全般を指す用語として使われたにすぎなかった。1946年に国際博物館会議（ICOM）が設立されたことによって，各国の博物館関係者の交流が大幅に増え，博物館の定義や研究について異なる見解が対立し，博物館を「科学」として捉えるか否かが議論のテーマとなった。

　しかし，博物館の研究が進むことによって，博物館学の「特異性」が徐々に認識されるようになり，博物館の理論や哲学・政策・歴史などの分野を博物館学（museology），博物館に関する展示（制作含む），保存環境の制御（環境管理・照明），保存修復技術，建築設計・展示技術・レイアウトなど博物館学の知識を実践する技術的な分野を博物館技術（museography），または実践的博物館学（muséologie pratique）と呼ぶようになった。こうした考え方の整理も，国際博物館事務局（1926年創立，ICOM の前身）が発表した1934年の著作を受けてのことである。

　近年，理論的な博物館学（museology）は，さらに研究が進められ，歴代の博物館学国際委員会（ICOFOM）の委員長マーチン・シェーラー（スイス），フランソワ・メレス（フランス），ブルノ・ブルロン（ブラジル）他は「博物館学は博物館の哲学であり，博物館の倫理学であり，博物館の論理学である」と述べている。少しずつではあるが，博物館学は進化し，さらに深化していくことであろう。

『応用博物館学—博物館建築とデザイン』国際博物館事務局，1934年。

博物館法

(昭和二十六年法律第二百八十五号／最終改正：令和四年四月一五日法律第二四号)

第一章　総則

(目的)

第一条　この法律は，社会教育法（昭和二十四年法律第二百七号）及び文化芸術基本法（平成十三年法律第百四十八号）の精神に基づき，博物館の設置及び運営に関して必要な事項を定め，その健全な発達を図り，もつて国民の教育，学術及び文化の発展に寄与することを目的とする。

(定義)

第二条　この法律において「博物館」とは，歴史，芸術，民俗，産業，自然科学等に関する資料を収集し，保管(育成を含む。以下同じ。)し，展示して教育的配慮の下に一般公衆の利用に供し，その教養，調査研究，レクリエーション等に資するために必要な事業を行い，併せてこれらの資料に関する調査研究をすることを目的とする機関（社会教育法による公民館及び図書館法（昭和二十五年法律第百十八号）による図書館を除く。)のうち，次章の規定による登録を受けたものをいう。

2　この法律において「公立博物館」とは，地方公共団体又は地方独立行政法人（地方独立行政法人法（平成十五年法律第百十八号）第二条第一項に規定する地方独立行政法人をいう。以下同じ。)の設置する博物館をいう。

3　この法律において「私立博物館」とは，博物館のうち，公立博物館以外のものをいう。

4　この法律において「博物館資料」とは，博物館が収集し，保管し，又は展示する資料（電磁的記録（電子的方式，磁気的方式その他人の知覚によつては認識することができない方式で作られた記録をいう。次条第一項第三号において同じ。)を含む。)をいう。

(博物館の事業)

第三条　博物館は，前条第一項に規定する目的を達成するため，おおむね次に掲げる事業を行う。

一　実物，標本，模写，模型，文献，図表，写真，フィルム，レコード等の博物館資料を豊富に収集し，保管し，及び展示すること。

二　分館を設置し，又は博物館資料を当該博物館外で展示すること。

三　博物館資料に係る電磁的記録を作成し，公開すること。

四　一般公衆に対して，博物館資料の利用に関し必要な説明，助言，指導等を行い，又は研究室，実験室，工作室，図書室等を設置してこれを利用させること。

五　博物館資料に関する専門的，技術的な調査研究を行うこと。

六　博物館資料の保管及び展示等に関する技術的研究を行うこと。

七　博物館資料に関する案内書，解説書，目録，図録，年報，調査研究の報告書等を作成し，及び頒布すること。

八　博物館資料に関する講演会，講習会，映写会，研究会等を主催し，及びその開催を援助すること。

九　当該博物館の所在地又はその周辺にある文化財保護法（昭和二十五年法律第二百十四号）の適用を受ける文化財について，解説書又は目録を作成する等一般公衆の当該文化財の利用の便を図ること。

十　社会教育における学習の機会を利用して行つた学習の成果を活用して行う教育活動その他の活動の機会を提供し，及びその提供を奨励すること。

十一　学芸員その他の博物館の事業に従事する人材の養成及び研修を行うこと。

十二　学校，図書館，研究所，公民館等の教育，学術又は文化に関する諸施設と協力し，その活動を援助すること。

2　博物館は，前項各号に掲げる事業の充実を図るため，他の博物館，第三十一条第二項に規定する指定施設その他これらに類する施設との間において，資料の相互貸借，職員の交流，刊行物及び情報の交換その他の活動を通じ，相互に連携を図りながら協力するよう努めるものとする。

3　博物館は，第一項各号に掲げる事業の成果を活用するとともに，地方公共団体，学校，社会教育施設その他の関係機関及び民間団体と相互に連携を図りながら協力し，当該博物館が所在する地域における教育，学術及び文化の振興，文化観光（有形又は無形の文化的所産その他の文化に関する資源（以下この項において「文化資源」という。)の観覧，文化資源に関する体験活動その他の活動を通じて文化についての理解を深めることを目的とする観光をいう。)その他の活動の推進を図り，もつて地域の活力の向上に寄与するよう努めるものとする。

(館長，学芸員その他の職員)

第四条　博物館に，館長を置く。

2　館長は，館務を掌理し，所属職員を監督して，博物館の任務の達成に努める。

3　博物館に，専門的職員として学芸員を置く。

4　学芸員は，博物館資料の収集，保管，展示及び調査研究その他これと関連する事業についての専門的事項をつかさどる。

5　博物館に，館長及び学芸員のほか，学芸員補その他の職員を置くことができる。

6　学芸員補は，学芸員の職務を助ける。

(学芸員の資格)

第五条　次の各号のいずれかに該当する者は，学芸員となる資格を有する。

一　学士の学位（学校教育法（昭和二十二年法律第二十六号）第百四条第二項に規定する文部科学大臣の定める学位（専門職大学を卒業した者に対して授与されるものに限る。)を含む。)を有する者で，大学において文部科学省令で定める博物館に関する科目の単位を修得したもの

二　次条各号のいずれかに該当する者で，三年以上学芸員補の職にあつたもの

三　文部科学大臣が，文部科学省令で定めるところにより，前二号に掲げる者と同等以上の学力及び経験を有する者と認めた者

2　前項第二号の学芸員補の職には，官公署，学校又は社会教育施設（博物館の事業に類する事業を行う施設を含む。)に

おける職で，社会教育主事，司書その他の学芸員補の職と同等以上の職として文部科学大臣が指定するものを含むものとする。

（学芸員補の資格）

第六条 次の各号のいずれかに該当する者は，学芸員補となる資格を有する。

一 短期大学士の学位（学校教育法第百四条第二項に規定する文部科学大臣の定める学位（専門職大学を卒業した者に対して授与されるものを除く。）及び同条第六項に規定する文部科学大臣の定める学位を含む。）を有する者で，前条第一項第一号の文部科学省令で定める博物館に関する科目の単位を修得したもの

二 前号に掲げる者と同等以上の学力及び経験を有する者として文部科学省令で定める者

（館長，学芸員及び学芸員補等の研修）

第七条 文部科学大臣及び都道府県の教育委員会は，館長，学芸員及び学芸員補その他の職員に対し，その資質の向上のために必要な研修を行うよう努めるものとする。

（設置及び運営上望ましい基準）

第八条 文部科学大臣は，博物館の健全な発達を図るために，博物館の設置及び運営上望ましい基準を定め，これを公表するものとする。

（運営の状況に関する評価等）

第九条 博物館は，当該博物館の運営の状況について評価を行うとともに，その結果に基づき博物館の運営の改善を図るため必要な措置を講ずるよう努めなければならない。

（運営の状況に関する情報の提供）

第十条 博物館は，当該博物館の事業に関する地域住民その他の関係者の理解を深めるとともに，これらの者との連携及び協力の推進に資するため，当該博物館の運営の状況に関する情報を積極的に提供するよう努めなければならない。

第二章　登録

（登録）

第十一条 博物館を設置しようとする者は，当該博物館について，当該博物館の所在する都道府県の教育委員会（当該博物館（都道府県が設置するものを除く。）が指定都市（地方自治法（昭和二十二年法律第六十七号）第二百五十二条の十九第一項の指定都市をいう。以下同じ。）の区域内に所在する場合にあつては，当該指定都市の教育委員会。第三十一条第一項第二号を除き，以下同じ。）の登録を受けるものとする。

（登録の申請）

第十二条 前条の登録（以下「登録」という。）を受けようとする者は，都道府県の教育委員会の定めるところにより，次に掲げる事項を記載した登録申請書を都道府県の教育委員会に提出しなければならない。

一 登録を受けようとする博物館の設置者の名称及び住所

二 登録を受けようとする博物館の名称及び所在地

三 その他都道府県の教育委員会の定める事項

2 前項の登録申請書には，次に掲げる書類を添付しなければならない。

一 館則（博物館の規則のうち，目的，開館日，運営組織その他の博物館の運営上必要な事項を定めたものをいう。）の写し

二 次条第一項各号に掲げる基準に適合していることを証する書類

三 その他都道府県の教育委員会の定める書類

（登録の審査）

第十三条 都道府県の教育委員会は，登録の申請に係る博物館が次の各号のいずれにも該当すると認めるときは，当該博物館の登録をしなければならない。

一 当該申請に係る博物館の設置者が次のイ又はロに掲げる法人のいずれかに該当すること。

イ 地方公共団体又は地方独立行政法人

ロ 次に掲げる要件のいずれにも該当する法人（イに掲げる法人並びに国及び独立行政法人（独立行政法人通則法（平成十一年法律第百三号）第二条第一項に規定する独立行政法人をいう。第三十一条第一項及び第六項において同じ。）を除く。）

（1） 博物館を運営するために必要な経済的基礎を有すること。

（2） 当該申請に係る博物館の運営を担当する役員が博物館を運営するために必要な知識又は経験を有すること。

（3） 当該申請に係る博物館の運営を担当する役員が社会的信望を有すること。

二 当該申請に係る博物館の設置者が，第十九条第一項の規定により登録を取り消され，その取消しの日から二年を経過しない者でないこと。

三 博物館資料の収集，保管及び展示並びに博物館資料に関する調査研究を行う体制が，第三条第一項各号に掲げる事業を行うために必要なものとして都道府県の教育委員会の定める基準に適合するものであること。

四 学芸員その他の職員の配置が，第三条第一項各号に掲げる事業を行うために必要なものとして都道府県の教育委員会の定める基準に適合するものであること。

五 施設及び設備が，第三条第一項各号に掲げる事業を行うために必要なものとして都道府県の教育委員会の定める基準に適合するものであること。

六 一年を通じて百五十日以上開館すること。

2 都道府県の教育委員会が前項第三号から第五号までの基準を定めるに当たつては，文部科学省令で定める基準を参酌するものとする。

3 都道府県の教育委員会は，登録を行うときは，あらかじめ，博物館に関し学識経験を有する者の意見を聴かなければならない。

（登録の実施等）

第十四条 登録は，都道府県の教育委員会が，次に掲げる事項を博物館登録原簿に記載してするものとする。

一 第十二条第一項第一号及び第二号に掲げる事項

二 登録の年月日

2 都道府県の教育委員会は，登録をしたときは，遅滞なく，その旨を当該登録の申請をした者に通知するとともに，前項各号に掲げる事項をインターネットの利用その他の方法により公表しなければならない。

（変更の届出）

第十五条 博物館の設置者は，第十二条第一項第一号又は第二号に掲げる事項を変更するときは，あらかじめ，その旨を都道府県の教育委員会に届け出なければならない。

2　都道府県の教育委員会は，前項の規定による届出があつた
　ときは，当該届出に係る登録事項の変更登録をするとともに，
　その旨をインターネットの利用その他の方法により公表しな
　ければならない。
（都道府県の教育委員会への定期報告）
第十六条　博物館の設置者は，当該博物館の運営の状況につい
　て，都道府県の教育委員会の定めるところにより，定期的に，
　都道府県の教育委員会に報告しなければならない。
（報告又は資料の提出）
第十七条　都道府県の教育委員会は，その登録に係る博物館の
　適正な運営を確保するため必要があると認めるときは，当該
　博物館の設置者に対し，その運営の状況に関し報告又は資料
　の提出を求めることができる。
（勧告及び命令）
第十八条　都道府県の教育委員会は，その登録に係る博物館が
　第十三条第一項各号のいずれかに該当しなくなつたと認める
　ときは，当該博物館の設置者に対し，必要な措置をとるべき
　ことを勧告することができる。
2　都道府県の教育委員会は，前項の規定による勧告を受けた
　博物館の設置者が，正当な理由がなくてその勧告に係る措置
　をとらなかつたときは，当該博物館の設置者に対し，期限を
　定めて，その勧告に係る措置をとるべきことを命ずることが
　できる。
3　第十三条第三項の規定は，第一項の規定による勧告及び前
　項の規定による命令について準用する。
（登録の取消し）
第十九条　都道府県の教育委員会は，その登録に係る博物館の
　設置者が次の各号のいずれかに該当するときは，当該博物館
　の登録を取り消すことができる。
一　偽りその他不正の手段により登録を受けたとき。
二　第十五条第一項の規定による届出をせず，又は虚偽の届出
　をしたとき。
三　第十六条の規定に違反したとき。
四　第十七条の報告若しくは資料の提出をせず，又は虚偽の報
　告若しくは資料の提出をしたとき。
五　前条第二項の規定による命令に違反したとき。
2　第十三条第三項の規定は，前項の規定による登録の取消し
　について準用する。
3　都道府県の教育委員会は，第一項の規定により登録の取消
　しをしたときは，速やかにその旨を，当該登録に係る博物館
　の設置者に対し通知するとともに，インターネットの利用そ
　の他の方法により公表しなければならない。
（博物館の廃止）
第二十条　博物館の設置者は，博物館を廃止したときは，速や
　かにその旨を都道府県の教育委員会に届け出なければならな
　い。
2　都道府県の教育委員会は，前項の規定による届出があつた
　ときは，当該届出に係る博物館の登録を抹消するとともに，
　その旨をインターネットの利用その他の方法により公表しな
　ければならない。
（都道府県又は指定都市の設置する博物館に関する特例）
第二十一条　第十五条第一項，第十六条から第十八条まで及び
　前条第一項の規定は，都道府県又は指定都市の設置する博物

館については，適用しない。
2　都道府県又は指定都市の設置する博物館についての第十五
　条第二項，第十九条第一項及び第三項並びに前条第二項の規
　定の適用については，第十五条第二項中「前項の規定による
　届出があつたときは，当該届出に係る登録事項」とあるのは
　「その設置する博物館について第十二条第一項第一号又は第
　二号に掲げる事項に変更があるときは，当該事項」と，第十
　九条第一項中「登録に係る博物館の設置者が次の各号のいず
　れかに該当する」とあるのは「設置する博物館が第十三条第
　一項第三号から第六号までのいずれかに該当しなくなつたと
　認める」と，同条第三項中「その旨を，当該登録に係る博物
　館の設置者に対し通知するとともに，」とあるのは「その旨
　を」と，前条第二項中「前項の規定による届出があつたとき
　は，当該届出に係る」とあるのは「その設置する博物館を廃
　止したときは，当該」とする。
（規則への委任）
第二十二条　この章に定めるものを除くほか，博物館の登録に
　関し必要な事項は，都道府県の教育委員会の規則で定める。

第三章　公立博物館

（博物館協議会）
第二十三条　公立博物館に，博物館協議会を置くことができる。
2　博物館協議会は，博物館の運営に関し館長の諮問に応ずる
　とともに，館長に対して意見を述べる機関とする。
第二十四条　博物館協議会の委員は，地方公共団体の設置する
　博物館にあつては当該博物館を設置する地方公共団体の教育
　委員会（地方教育行政の組織及び運営に関する法律（昭和三
　十一年法律第百六十二号）第二十三条第一項の条例の定める
　ところにより地方公共団体の長が当該博物館の設置，管理及
　び廃止に関する事務を管理し，及び執行することとされてい
　る場合にあつては，当該地方公共団体の長）が，地方独立行
　政法人の設置する博物館にあつては当該地方独立行政法人の
　理事長がそれぞれ任命する。
第二十五条　博物館協議会の設置，その委員の任命の基準，定
　数及び任期その他博物館協議会に関し必要な事項は，地方公
　共団体の設置する博物館にあつては当該博物館を設置する地
　方公共団体の条例で，地方独立行政法人の設置する博物館に
　あつては当該地方独立行政法人の規程でそれぞれ定めなけれ
　ばならない。この場合において，委員の任命の基準について
　は，文部科学省令で定める基準を参酌するものとする。
（入館料等）
第二十六条　公立博物館は，入館料その他博物館資料の利用に
　対する対価を徴収してはならない。ただし，博物館の維持運
　営のためにやむを得ない事情のある場合は，必要な対価を徴
　収することができる。
（博物館の補助）
第二十七条　国は，博物館を設置する地方公共団体又は地方独
　立行政法人に対し，予算の範囲内において，博物館の施設，
　設備に要する経費その他必要な経費の一部を補助することが
　できる。
2　前項の補助金の交付に関し必要な事項は，政令で定める。
（補助金の交付中止及び補助金の返還）
第二十八条　国は，博物館を設置する地方公共団体又は地方独

立行政法人に対し前条の規定による補助金の交付をした場合において，次の各号のいずれかに該当するときは，当該年度におけるその後の補助金の交付をやめるとともに，第一号の場合の取消しが第十九条第一項第一号に該当することによるものである場合には，既に交付した補助金を，第三号又は第四号に該当する場合には，既に交付した当該年度の補助金を返還させなければならない。

一　当該博物館について，第十九条第一項の規定による登録の取消しがあつたとき。

二　地方公共団体又は地方独立行政法人が当該博物館を廃止したとき。

三　地方公共団体又は地方独立行政法人が補助金の交付の条件に違反したとき。

四　地方公共団体又は地方独立行政法人が虚偽の方法で補助金の交付を受けたとき。

第四章　私立博物館

（都道府県の教育委員会との関係）

第二十九条　都道府県の教育委員会は，博物館に関する指導資料の作成及び調査研究のために，私立博物館に対し必要な報告を求めることができる。

2　都道府県の教育委員会は，私立博物館に対し，その求めに応じて，私立博物館の設置及び運営に関して，専門的，技術的な指導又は助言を与えることができる。

（国及び地方公共団体との関係）

第三十条　国及び地方公共団体は，私立博物館に対し，その求めに応じて，必要な物資の確保につき援助を与えることができる。

第五章　博物館に相当する施設

第三十一条　次の各号に掲げる者は，文部科学省令で定めるところにより，博物館の事業に類する事業を行う施設であつて当該各号に定めるものを，博物館に相当する施設として指定することができる。

一　文部科学大臣　国又は独立行政法人が設置するもの

二　都道府県の教育委員会　国及び独立行政法人以外の者が設置するもののうち，当該都道府県の区域内に所在するもの（指定都市の区域内に所在するもの（都道府県が設置するものを除く。）を除く。）

三　指定都市の教育委員会　国，独立行政法人及び都道府県以外の者が設置するもののうち，当該指定都市の区域内に所在するもの

2　前項の規定による指定をした者は，当該指定をした施設（以下この条において「指定施設」という。）が博物館の事業に類する事業を行う施設に該当しなくなつたと認めるときその他の文部科学省令で定める事由に該当するときは，文部科学省令で定めるところにより，当該指定施設についての前項の規定による指定を取り消すことができる。

3　第一項の規定による指定をした者は，当該指定をしたとき又は前項の規定による指定の取消しをしたときは，その旨をインターネットの利用その他の方法により公表しなければならない。

4　第一項の規定による指定をした者は，指定施設の設置者に対し，その求めに応じて，当該指定施設の運営に関して，専門的，技術的な指導又は助言を与えることができる。

5　指定施設は，その事業を行うに当たつては，第三条第二項及び第三項の規定の趣旨を踏まえ，博物館，他の指定施設，地方公共団体，学校，社会教育施設その他の関係機関及び民間団体と相互に連携を図りながら協力するよう努めるものとする。

6　国又は独立行政法人が設置する指定施設は，博物館及び他の指定施設における公開の用に供するための資料の貸出し，職員の研修の実施その他の博物館及び他の指定施設の事業の充実のために必要な協力を行うよう努めるものとする。

ICOM 職業倫理規程（2004年10月改訂）

国際博物館会議，https : //icomjapan.org/wp/wp-content/uploads/2020/03/ICOM_code_of_ethics_JP.pdf

1．博物館は人類の自然・文化遺産のさまざまな側面を保存し，解釈し，促進する

基本原則：博物館は有形，無形の自然および文化遺産に対する責任がある。管理機関および博物館の戦略的な指示と監督に係る者はこの遺産を保護し，助長する主たる責務を負う。それと同時に，人的，物的，金銭的資源を活用できるようにする責務を負う。

施設の地位

1.1　権能を付与する文書

管理機関は，博物館がその法的地位，使命，永続性，非営利的性格を明確に述べた，国の法に従った，文書化され公表された規則，規約あるいはその他の公文書を持つことを保証しなければならない。

1.2　使命，目標，方針の声明

管理機関は，博物館の使命，目標および方針ならびに当該管理機関の役割および構成を明確に記した声明を作成し，公表し，従うべきである。

物的資源

1.3　土地建物

管理機関は，博物館がその使命に規定された基本的な機能を果たすためにふさわしい環境を備えた十分な土地建物を保証するべきである。

1.4　アクセス

管理機関は，博物館とその収蔵品が適切な時間帯に一定の期間すべての人に公開されることを保証するべきである。特殊なニーズを持った人々には特別の配慮がされなければならない。

1.5　健康と安全

管理機関は，施設の健康，安全および利用可能性に関する基準が職員と来館者に適用されるよう保証するべきである。

1.6　災害に対する保護

管理機関は，公衆および職員，収蔵品とその他の資源を自然および人為的な災害から保護するための方針を立て，それを維持するべきである。

1.7 警備の条件

管理機関は，収蔵品を展示，展覧会，作業または収蔵区域および輸送時における盗難または破損から守るために適切な警備を保証するべきである。

1.8 保険および補償

商業的な保険が収蔵品に利用される場合，管理機関は，その適用範囲が十分で，輸送中または貸与の物および現在博物館が責任を負うべき他のものを含むことを保証するべきである。補償制度が使用される場合，博物館の所有でない資料が十分に包含されている必要がある。

財　源

1.9 資金の確保

管理機関は，博物館の活動を実施し，発展させるために十分な資金を確保するべきである。すべての財源は専門的に説明できるようにすべきである。

1.10 収益の方針

管理機関は，その活動により生じる，もしくは外部の財源から受け取る収入の出所に関して書かれた方針を持つべきである。資金の出所別にかかわらず，博物館は行事，展覧会および諸活動の内容と廉直性を維持するべきである。収益活動は施設およびその公衆の水準を危うくするものであってはならない。（6.6を参照）

人　員

1.11 雇用の方針

管理機関は，人事に関するすべての措置が博物館の方針および適性かつ適法な手続きにしたがってとられるように保証するべきである。

1.12 館長もしくは首長の任命

博物館の館長もしくは首長は重要な職であり，任命に際して管理機関は，その職責を効果的に果たすために必要な知識および技能に配慮すべきである。これらの資格には，倫理行動の高い基準に加えて十分な知的能力と専門的な知識が含まれるべきである。

1.13 管理機関へのアクセス

博物館の館長もしくは首長は，関連管理機関に直接の責任を負い，直接アクセスができなくてはならない。

1.14 博物館職員の有資格性

すべての責任を果たすのに必要な専門知識を有する，資格を持った職員を雇用することが必要である。（2.18，2.24，8.12も参照のこと）

1.15 職員の訓練

有効な労働力を維持するためにすべての博物館職員の継続的教育と専門的発達の十分な機会が用意されるべきである。

1.16 倫理的矛盾

管理機関は，本「職業倫理規定」または国の法律もしくは専門職に関する倫理規定の諸条項と矛盾すると考えられる行為を一切，博物館職員に要求してはならない。

1.17 博物館職員とボランティア

管理機関は，博物館の専門職員とボランティアの間に前向きな関係を促進するような，ボランティアの活動に関する書かれた方針を持つべきである。

1.18 ボランティアと倫理

管理機関は，ボランティアが博物館および個人的な活動を行うとき，イコムの職業倫理規程および他の適用されうる規定や法に精通していることを保証するべきである。

２．コレクションを負託を受けて有する博物館は，社会の利益と発展のためにそれらを保管するものである。

基本原則：博物館は，自然，文化，学術遺産の保護への貢献として，その収蔵品の収集，保存，向上をおこなう義務がある。彼らの収蔵品は有意義な公的遺産であり，法において特別な地位を占め，国際的な規約によって保護されている。この公的負託には，正当な所有権，永続性，文書化，アクセシビリティーおよび信頼できる処分を含む管理の観念が内包されている。

収蔵品の取得

2.1 収蔵品に関する方針

各博物館の管理機関は，収蔵品の取得，保持，利用に関する文書化された収蔵品の方針を採択し，公表するべきである。方針は，カタログ化，保存，展示されない資料の位置を明確にすべきである。（2.7と2.8を参照のこと）

2.2 有効な所有権

取得しようとする博物館が有効な権利を保有できることを納得しない限り，品物あるいは資料を購入，寄贈，貸与，遺贈または交換によって取得するべきでない。ある国における法にかなった所有権が，必ずしも有効な権利とはかぎらない。

2.3 資料の由来と正当な注意義務

購入，寄贈，貸与，遺贈，もしくは交換の申し入れがあった資料もしくは標本は，すべて取得の前に，その原産国もしくは適法に所有されていた中継国（博物館の自国も含む）から違法に取得もしくは輸入されたものでないことを確認するためにあらゆる努力を払うべきである。これに関して，正当な注意義務を払ってその物件の発見もしくは制作以来の由来を明らかにするべきである。

2.4 無認可のもしくは非学術的なフィールドワークに由来する資料と標本博物館

は，それが収得された際に記念物，考古学的あるいは地学的要地もしくは種および自然生息地に対する無認可の，または非学術的な，もしくは意図的な破壊または損傷が伴っていたと確信するに足る合理的な要因がある場合は，かかる資料を取得してはならない。同様に，発見されたものが土地の所有者もしくは占有者，または，適当な法的もしくは行政上の責任機関に通知されていない場合，その取得は行われてはならない。

2.5 文化的に慎重さを要する資料

遺骸および神聖な意義を持つ資料は，安全に所蔵されかつ敬意のこもった保管が可能な場合のみ取得されるべきである。これは専門職業上の基準に則り，かつ知られている場合にはそれらのものの由来する地域社会あるいは，民族的もしくは宗教的団体の構成員の利益と信仰に矛盾しない方法で達成されなければならない（3.7及び4.3も参照のこと）。

2.6 保護された生物学的もしくは地学的資料

博物館は，地方，国，地域の，もしくは国際的な野生生物保護または自然史保存に関する法あるいは条約に違反して，収集，販売，もしくはそのほかの方法で移転された生物的もしくは地学的資料を取得するべきではない。

2.7 生きている収蔵品

収蔵品が生きている植物または動物標本を含むときはそれらが由来する自然的および社会的環境，および地方，国，地域の，もしくは国際的な野生生物保護または自然史保存に関する法あるいは条約に特別の配慮をするべきである。

2.8 作業用収蔵品

収蔵品に関する方針は，品物自体よりも文化的，学術的もしくは技術的な過程の保存のほうに力点が置かれているような，あるいは品物や標本が通常の取り扱いおよび教育の目的で集められるような，あるタイプの作業用収蔵品について特別の配慮を含むことができる。

2.9 収蔵品に関する方針の枠外の取得

博物館の収蔵品に関する公にされた方針の枠外で，資料もしくは標本を取得することは，例外的な状況においてのみなされるべきである。管理機関は，知ることができる専門的な意見および関心をもつすべての関係者の見解を考慮すべきである。考慮には，その文化もしくは自然遺産に関する状況およびそのような資料を収集している他の博物館の特別の関心が含まれる。そのような場合にも，正当な権利を伴わない資料もしくは標本を取得すべきではない。

2.10 管理機関の構成員もしくは博物館職員による取得販売

であれ，寄贈であれ，または税金免除を伴う寄贈としてであれ，管理機関の構成員もしくは博物館職員あるいはその家族およびこれらの人々と親しい人々からの資料の取得の際には，特別の注意が要求される。

2.11 最後の手段の保管所

この倫理規程のどの部分も，博物館が適法な責任を有する領域からの，由来不明の，不法に収集もしくは取得された標本もしくは資料のための承認された保管場所となることを妨げるべきではない。

収蔵品の除去

2.12 処分に関する法的もしくはその他の権限

博物館に処分を許可する法的権限がある場合，もしくは博物館が処分を条件に資料を取得した場合にも，法的もしくはその他の要件および手順は完全に遵守しなければならない。最初の取得が義務的もしくはその他の制限を伴ったものである場合，そのような制限の遵守が不可能または博物館にとって大きな損害であること，そして，もし適切と認められる場合には，法的救済措置がとられていることを明確に示すことができない限り，これらの条件は遵守しなければならない。

2.13 博物館の収蔵品からの除去

博物館の収蔵品から資料もしくは標本を除去することは，その資料の意義，性格（更新できる場合もできない場合も），法的な位置，およびそのような行為から生じ得る公衆の信頼の損失を十分理解した上でのみ行われるべきである。

2.14 放出に対する責任

放出の決定は，博物館の館長および当該収蔵品の担当学芸員と共同で行動する管理機関の責任である。作業用収蔵品には特別の措置が適用されうる（2.7 および 2.8 参照）。

2.15 収蔵品から除去された資料の処分

各博物館は，寄贈，移管，交換，売却，返還，もしくは破壊による資料の収蔵品からの永久的な除去をおこなうための公認された方法を規定し，また受け取る施設への制限されない権利の

譲渡を容認する方針を持たねばならない。すべての除去の決定，当該資料およびその処分について完全な記録を保存しなければならない。放出品は優先的に他の博物館に提供するべきであるとの強い仮定がある。

2.16 収蔵品の処分からの収入

博物館の収蔵品は公衆からの預託物であり，換金できる財産として扱うべきではない。博物館の収蔵品からの資料および標本の放出と処分から受けた金銭もしくは報酬は，収蔵品のためのみ，および通常はその収蔵品への収集のためのみに用いなければならない。

2.17 放出された収蔵品の購入

博物館職員，管理機関，または，その家族もしくは親しい人々に対しては，彼らに責任がある収蔵品から放出された資料の購入を許可するべきでない。

収蔵品の管理

2.18 収蔵品の永続性

博物館は，その収蔵品（永久的なものも一時的なものも）および適切に記録された関連の情報が，現在において使用でき，また現在の知識および資源に配慮しながら，できる限り良好かつ安全な状態で将来の世代に伝えることを保証する方針を決め，適用しなくてはならない。

2.19 収蔵品の責任の委任

収蔵品の保護に関する専門的な責任は，適切な知識と技術を持った人々もしくは十分な監督下にある人々に任されるべきである（8.11も参照のこと）。

2.20 収蔵品の文書化

博物館の収蔵品は，容認された専門的な基準にしたがって文書化されなければならない。この文書化は，一点ごとの完全な同一性確認と特徴の説明，関係，由来，状態，処理と現在ある場所を含まなければならない。そのようなデータは，安全な環境で保管され，博物館の職員やその他の正当な利用者が情報を得るためのデータの取り出しシステムが備わっていなくてはならない。

2.21 災害からの保護

武力抗争およびその他の人為的また自然災害時における収蔵品の保護の方針の作成について，細やかな注意が払われなければならない。

2.22 収蔵品と関連のデータの安全

収蔵品のデータが一般に公開されるとき，博物館は，慎重さを必要とする個人的なまたは関連の情報および秘密事項を開示することを避けるための制御を行わねばならない。

2.23 環境保存計画

環境保存計画は，博物館の方針と収蔵品の保護の重要な要素である。収蔵庫にあるとき，展示中，もしくは輸送中であるときも，収蔵品の保護の環境を作り出し，これを維持することは博物館の専門職員の重要な責任である。

2.24 収蔵品の保存と修復

博物館は，資料もしくは標本が保存・修復の処置と資格のある保存技術者・修復者の仕事を必要とする時を決定するために，収蔵品の状態を注意深く監視しなければならない。主な目的は，資料または標本の状態の安定化であるべきである。保存の手順は，すべて文書化され，またできるだけ可逆的であるべきであり，すべての変更箇所は，資料および標本の原品の部分と明確

に識別可能にするべきである。

2.25　生きた動物の厚生

生きた動物を飼育している博物館は，それらの健康と福祉に関するすべての責任を負うべきである。博物館は，獣医学の専門家によって承認された，職員，来館者，および動物の保護のための安全規程を作り履行しなければならない。遺伝子的改変は明確に識別できるようにすべきである。

2.26　博物館の収蔵品の個人的使用

博物館の職員，管理機関，彼らの家族，近しい人々等に，博物館の収蔵品を一時的であっても個人的な目的での収用を許可してはならない。

3．博物館は知識を確立し深めるための主要な証拠を持つ

基本原則：博物館は，収集し所蔵している主要な証拠の保管，利用可能性，解釈に関して，すべての人に対して特別な責任がある。

主要な証拠

3.1　主要な証拠としての収蔵品

博物館の収蔵品の方針は，主要な証拠としての収蔵品の意義を明確に示さねばならない。方針は，これが現在の知的な流行もしくは博物館の使用に支配されていないことを証明すべきである。

3.2　収蔵品の利用可能性

博物館は，秘密と安全の理由から生じる制限に配慮しつつ，収蔵品および関連するすべての情報ができる限り自由に利用できるようにする特別な責任がある。

博物館の収集と研究

3.3　現地の収集

現地の収集をおこなっている博物館は，学問的な規程，適用のある国法および国際法ならびに条約上の義務に一致する方針を作るべきである。フィールドワークは，地域社会の意見，彼らの環境資源および文化実践ならびに文化・自然遺産を高める努力に対する敬意と配慮をもってのみおこなわなければならない。

3.4　主要な証拠の例外的な収集

非常に例外的なケースでは，由来の不明の資料が，本質的に知識の増進に著しく貢献するものであり，その資料を保存することが公的利益に叶うことがある。そのような資料の博物館の収蔵品への受け入れは，関連の学問分野の専門家の決定に従うべきであり，その国に対するもしくは国際的な偏見があってはならない。

3.5　研究

博物館職員による研究は，博物館の使命と目標に関連し，確立した法的，倫理的，学問的な慣行に合致するものでなければならない。

3.6　破壊的分析

破壊的分析の手法が行われるときは，分析された資料，分析の結果，出版物を含むそこから生じた研究の完全な記録がその資料の永久的な記録の一部となるべきである。

3.7　遺骸および神聖な意味のある資料

遺骸および神聖な意味のある資料についての研究は，専門的な基準に従った方法で，知られている場合はそれらの資料が由来する地域社会，民族もしくは宗教団体の利益と信仰を考慮に入れつつ行われなければならない（2.5，4.3も参照のこと）。

3.8　研究資料に対する権利の保有

博物館職員が発表のための資料，現地調査の記録のための資料を作成するとき，その資料に対するあらゆる権利に関して，それを支援する博物館の間で明確な取り決めがなくてはならない。

3.9　共有される専門知識

博物館専門職員には，その知識および経験を同僚のほか，関連分野の学者，学生と共有する義務がある。博物館専門職員は，自分が教えを受けた人々を尊敬し認めるべきであり，他の人々に役立つ可能性のある技術および経験における進歩を提供するべきである。

3.10　博物館および他の施設間での協力

博物館職員は，類似の関心を持ち，収集活動を行う施設間の協力および協議の必要性を認め，これを支持すべきである。このことは，研究を通じて重要な収蔵品が生み出されてもそれらの長期の安全が確保できない，高等教育機関およびある種の公共施設について特に言えることである。

4．博物館は自然および文化遺産を鑑賞し，理解し，それを促進する機会を提供する。

基本原則：博物館には，その教育的役割を開発し，博物館が対象とする地域社会，地方もしくは団体から幅広い来館者をひきつけるという重要な義務がある。

陳列と展覧会

4.1　陳列，展覧会および特別な活動

陳列や展覧会は，それが物質的なものであれ電子的なものであれ，博物館の明確な使命，方針および目的にしたがって行われるべきである。博物館は，収蔵品の質や適切な保管と保存について妥協するべきでない。

4.2　展示物の解釈

博物館は，陳列や展覧会において提示する情報には十分な根拠があり，正確であり，それが象徴する団体や信仰に対して適切な配慮がなされていることを保証すべきである。

4.3　慎重さを要する資料の展示

遺骸および神聖な意味のある資料は，専門的な基準に従った方法で，知られている場合はそれらの資料が由来する地域社会，民族もしくは宗教団体の利益と信仰を考慮に入れつつ陳列されなければならない。それらは，すべての人々が持つ人間の尊厳の気持ちに対する深い察知と尊敬をこめて展示されなければならない。

4.4　公開陳列からの撤去

遺骸および神聖な意味のある資料を公開陳列から撤去するよう，それらの資料が由来する地域社会から要求されたときは，尊敬と感性を持って迅速に応じなければならない。そのような資料の返還の要求にもまた同様に応じなければならない。博物館の方針は，そのような要求に応えるための手続きを明確に示さなければならない。

4.5　由来不明の資料の陳列

博物館は，出所の疑わしい，もしくは由来の不明な資料を陳列もしくは他の方法で使用することを避けるべきである。博物館はそのような陳列や使用が文化財の違法取引の容認および助長的行為とみなされる可能性があることを承知しておくべきである。

他の資源

4.6　公表

博物館によって公表された情報は，それがいかなる方法をとったものでも，十分な根拠があり，正確で，学問上の規律，社会もしくは表された信仰に対して責任のある配慮がなされているべきである。博物館の情報の公表は，博物館の水準を損なうものであってはならない。

4.7　複製

博物館は，収蔵品の模造，複製，複写を作成するとき原品の完全な形を尊重するべきである。それらの複製品は永久的に模造品であることを明示するべきである。

5．博物館の資源は，他の公的サービスや利益のための機会を提供する。

基本原則：博物館は，博物館内よりはるかに広い場での適用力を持つ多様な専門性，技能および物質的資源を使用する。このことは，博物館活動の延長として，共有される資源もしくはサービスの供給につながりうる。それらは，博物館の明確な使命を損なうことのない方法で計画されるべきである。

鑑定サービス

5.1　違法もしくは不法に取得された資料の鑑定

博物館が鑑定のサービスをおこなうとき，そのような活動から直接的であれ間接的であれ利益を得ているとみなされるような行動をとるべきではない。違法もしくは不法に取得，譲渡，輸入もしくは輸出されたと信じられる，または疑われる資料の鑑定や真正の認定は，適切な機関に通知される以前に公表するべきではない。

5.2　真正の認定と評価（価値の判定）

博物館の収蔵品に保険をかける目的で評価する場合がある。それ以外の資料の金銭的な価値に関する意見は，他の博物館もしくは権限を持つ法的，行政的もしくは責任のある公的機関からの正式な要請によってのみ述べられるべきである。しかし，博物館が受益者である場合，資料もしくは標本の評価は第三者的姿勢で行わなければならない。

6．所蔵品が由来する，もしくは博物館が奉仕する地域社会との密接な協力のもとに行う博物館の業務

基本原則：博物館の収蔵品は，それらが由来する地域社会の文化的および自然の遺産を反映する。そういうものであるから，それらは，国の，地域の，地方の，民族的，宗教的もしくは政治的独自性との強い類縁性を含みうる，通常の属性を超えた性格を有する。したがって，博物館の方針はこの可能性に応えられなければならない。

収蔵品の起源

6.1　協力

博物館は，原産地である国もしくは地域社会の博物館および文化機関と知識，文書および収蔵品の共有を促進するべきである。遺産の重要な部分を失った国もしくは地域の博物館とのパートナーシップを築く可能性が探られるべきである。

6.2　文化財の返還

博物館は，文化財をその原産国またはその国民に返還するための話し合いを開始する態勢を整えているべきである。このことは，科学的，専門的また人道的な原則と，適用される地方・国の法，および国際法に基づき，政府もしくは政治レベルの行動に優先して，公平に行われるべきである。

6.3　文化財の復帰

原産国もしくはその国民が，国際および国の協定の原則に違反して輸出あるいは譲渡され，かつ，それが当該国または国民の文化または自然遺産の一部であることを示すことができるような資料または標本の復帰を求めるときは，関係博物館は，法的にそうすることが自由にできるならば，その返還に協力するため速やかかつ責任ある手段を講じるべきである。

6.4　占領された国からの文化財

博物館は，占領された地域からの文化財を購入もしくは取得することを差し控えるべきであり，文化および自然資料の輸入，輸出および譲渡を規定するあらゆる法律と協定を完全に守るべきである。

奉仕される地域社会への敬意

6.5　現代の地域社会

博物館の活動が現代の地域社会もしくはその遺産とかかわっている場合，資料の取得は，所有者や通知者につけこむことなしに，情報を与えた上での相互の了承に基づいてのみ行われるべきである。関与する地域社会の希望の尊重が最重要視されるべきである。

6.6　地域社会の施設の財源

現代の地域にかかわる活動のための資金を求めるとき，彼らの利益をないがしろにしてはならない（1.10を参照のこと）。

6.7　現代の地域社会からの収蔵品の使用

博物館が現代の地域社会からの収蔵品を使用する場合，それらを使用する人々の尊厳，伝統および文化を尊重する必要がある。そのような収蔵品は，多様な社会，多文化および多言語の表現を擁護することによって人々の福祉，社会の発展，寛容および尊敬を促進するために使用されるべきである（4.3を参照のこと）。

6.8　地域社会の中の支援団体

博物館は，地域社会の支援のための好ましい環境（博物館友の会などの支援団体）を作り，その貢献を認め，地域社会と博物館職員の間の友好的な関係を促進するべきである。

7．博物館は法律に従って事業を行う

基本原則：博物館は，国際的，地域的，国の，もしくは地方の法律と条約の義務に完全にしたがうべきである。さらに，管理機関は，博物館のあらゆる側面，その収蔵品および事業に関連する法的な拘束力のある負託や条件をみたすべきである。

法的枠組み

7.1　国及び地方の法規

博物館の事業に影響をあたえるので，博物館はすべての国と地方の法律にしたがい，他の国の法規を尊重すべきである。

7.2　国際法

博物館の方針は，イコム職業倫理規程の解釈において基準とされる，以下の国際法を認めるべきである。

・武力衝突時の文化財保護のためのユネスコ条約（ハーグ条約，1954年第一議定書および1999年第二議定書）
・文化財の不法な輸入，輸出および所有権の譲渡を禁止し防止する手段に関するユネスコ条約（1970年）
・危機に瀕している野生動植物の種の国際交易に関する条約（1973年）
・生物学的多様性に関する国連条約（1992年）
・窃盗および不法輸出された文化的資源に関するユニドロワ条約（1995年）

・水中文化遺産の保護に関するユネスコ条約（2001年）
・無形文化遺産の保護に関するユネスコ条約（2003年）

8．博物館は専門的に事業を行う

基本原則：博物館の専門職員は，受け入れられた基準と法を守り，彼らの職業の尊厳と名誉を維持するべきである。彼らは違法もしくは反倫理的な専門的行為から公衆を守るべきである。博物館の社会への貢献についての公衆のよりよい理解を促し，この職業の目標，目的および抱負について，公衆に知らせ，教育するため，あらゆる機会を利用すべきである。

専門職的行動

8.1　関連法規の熟知

博物館の専門職員はすべて，関連する国際，国内および地方の法ならびに彼らの雇用条件に通暁しているべきである。彼らは不適切な行為とみなされるような状況を回避するべきである。

8.2　職業上の責任

博物館の専門職員は，勤務している博物館の方針と手続きに従う義務を負う。しかし，博物館もしくはその専門職および職業倫理に損害を与えると思われる慣行にたいして正当な反対を唱えることができる。

8.3　専門職的行動

同僚および勤務先博物館への忠誠は，重要な職業上の責任であり，専門職業全体に適用される基本的な倫理原則への忠誠に基づくものでなければならない。彼らはイコムの職業倫理規程の条件を守るべきであり，その他の博物館業務に関連する規定もしくは方針を認識しているべきである。

8.4　学問的および学術的責任

博物館専門職員は，収蔵品に固有の情報の調査，保存，使用を促進するべきである。したがって，彼らはそのような学術的および科学的データの損失につながるような行動や状況を避けるべきである。

8.5　不法な市場

博物館専門職員は，自然および文化財の不法な移動もしくは市場に直接であれ間接であれ力を貸すべきでない。

8.6　秘密保持

博物館専門職員は，勤務中に入手した秘密情報を保護しなければならない。加えて，鑑定のために博物館に持ち込まれた品目に関する情報は，機密情報であり，所有者から特に許可がない限り公表したり，他のどのような機関もしくは個人にも流してはならない。

8.7　博物館と収蔵品の警備

博物館の警備，もしくは勤務中に訪問した個人コレクションの警備と所在地に関する情報は，博物館職員によって厳重な秘密とされなければならない。

8.8　秘密保持の義務の例外

秘密の保持は，盗まれた，不法に取得された，もしくは違法に譲渡された可能性がある物品にかんする警察または他の正当な機関による捜査に協力する法的な義務に従属する。

8.9　個人の独自性

専門職にあるものは，ある程度個人の独自性を保持する権利を有するが，彼らは，いかなる私的な仕事または専門的利益も彼らが勤務する機関と完全に切り離すことはできないことを心得ておかなければならない。

8.10　専門職業上の関係

博物館の専門職員は，彼らが勤務する博物館の内外で多数の人々と業務上の関係を持つ。彼らは，他の人々に対して効率の良い高い水準の専門的サービスを提供することを期待されている。

8.11　専門的相談

入手できる専門知識が，博物館内での良い決定を保証するには不十分であるときは，博物館内外の専門家に相談するのは職業上の責務である。

利害の衝突

8.12　贈答，援助，貸与もしくはその他の個人的な便宜

博物館職員は，所属博物館の職務に関連して提供された可能性のある贈り物，援助，貸与もしくはその他の個人的便宜を受けてはならない。場合によっては，職業上の慣例に贈り物の授受が含まれていることがあるが，それは必ず関係機関の名において行うべきである。

8.13　外部の雇用もしくは仕事の利益

専門職にあるものは，ある程度個人の独自性を保持する権利を有するが，彼らは，いかなる私的な仕事または専門的利益も彼らが勤務する施設と完全に切り離すことはできないことを心得ておかなければならない。彼らは博物館の利益と衝突する，もしくは衝突するとみなされる他の有給の雇用もしくは外部の委嘱を受けるべきではない。

8.14　自然・文化遺産の取引

博物館の専門職員は，直接，間接を問わず，自然もしくは文化遺産の取引（利益のための売買）に加わるべきではない。

8.15　取引人との相互作用

博物館専門職員は，博物館の資料の購入もしくは処分，あるいは公的行為の実施または回避の誘引として，取引業者，競売人もしくはその他の人物から贈り物，歓待もしくはいかなる形の報酬も受けてはならない。さらに，博物館専門職員は，特定の取引業者，競売人もしくは鑑定人を一般人に推薦すべきではない。

8.16　個人的収集活動

博物館専門職員は，資料の取得もしくは個人的収集活動のいずれにおいても所属機関と競合すべきではない。博物館専門職員と管理機関との間で個人的な収集に関する協約書を作成し，良心的にこれに従わなければならない。

8.17　ICOM の名称とロゴの使用

イコム会員は，いかなる営利目的の活動もしくは製品の促進や信用性の付与のために "International Council of Museums" および "ICOM" という言葉，もしくはそのロゴを使用してはならない。

8.18　その他の利害衝突

個人と博物館の間にその他の利害の衝突が生じた場合は，博物館の利益が優先する。

索　引

［編著者］

水嶋　英治（みずしま　えいじ）　　［2章1節・5・7章・8章2節・10・11章1節・13章・特論3］
長崎歴史文化博物館館長，日本ミュージアム・マネージメント学会会長，前筑波大学教授。博士（世界遺産学）。主な著書『Dictionnaire de muséologie』編著，ICOM, ARMAND COLIN 社（2022）ほか多数。訳書に『博物館学・美術館学・文化遺産学基礎概念事典』東京堂出版（2022）

髙橋　　修（たかはし　おさむ）　　［10の疑問・序・1・4・6・9・12章・特論1・2・4］
東京女子大学現代教養学部教授。専門は博物館学・日本近世史。近著は『現代語版　勤王侠客黒駒勝蔵』敬文舎（2021），「特撮映画技師　松井勇伝―日本映画界最初期の特撮技術の開拓者（一）（二・完）」『東京女子大学紀要「論集」』69‐1・2（2018・19）など

山下　治子（やました　はるこ）　　　　　　　　　　　　　　　　　　　　　　　　［3章4節］
株式会社アム・プロモーション代表取締役。ミュージアム専門誌『ミュゼ』元編集長。著書『ミュージアムショップに行こう―そのジャーナリスティック紀行』ミュゼ（2000）

［著　者］
可児　光生（かに　みつお）　　　　　　　　　　　　　　［2章2節・3章1・2・3節］
みのかも文化の森／美濃加茂市民ミュージアム館長。名古屋大学文学部（国史学）卒業。岐阜大学，南山大学，青山学院大学など非常勤講師を経て現職。共著に『博物館教育論』講談社（2015），『47都道府県・博物館百科』丸善出版（2022），『博物館とコレクション管理』雄山閣（2022）など

西川　　開（にしかわ　かい）　　　　　　　　　　　　　　　　　　　　　　　　　［8章1節］
文部科学省科学技術・学術政策研究所研究員。デジタルアーカイブ，知識コモンズ，科学計量学の研究に従事。著書『知識インフラの再設計』〈デジタルアーカイブ・ベーシックス〉共著，勉誠出版（2022），『欧米圏デジタル・ヒューマニティーズの基礎知識』共著，文学通信（2021）

森田喜久男（もりた　きくお）　　　　　　　　　　　　　　　　　　　　　　　　［11章2節］
淑徳大学人文学部歴史学科教授。島根県立古代出雲歴史博物館を経て現職。専攻は，日本古代史・神話学・博物館学。著書・論文『能登・加賀立国と地域社会』同成社（2021），「博物館実習における学内実習についての提言」『淑徳大学人文学部研究論集』4（2019），「学芸員の情報発信」『歴史評論』822（2018）など

ビジュアル博物館学Basic　ミュージアムABCシリーズ

2022年12月20日　第1版第1刷発行

編　著　水嶋　英治
　　　　髙橋　　修
　　　　山下　治子
　　　　© Eiji MIZUSHIMA / Osamu TAKAHASHI / Haruko YAMASHITA　2022

発行者　二村　和樹
発行所　人言洞　合同会社　〈NingenDo LLC〉
　　　　〒234-0052　神奈川県横浜市港南区笹下6-5-3
　　　　電話　045（352）8675 ㈹
　　　　FAX　045（352）8685
　　　　https://www.ningendo.net

印刷所　亜細亜印刷株式会社

定価はカバーに表示してあります。
乱丁・落丁の場合は小社にてお取替えします。

ISBN 978-4-910917-02-3